Äußere Erscheinung (Kritik von anderen):
Fett, träge, Hässlig, schlechter style.
Verhalten (Kritik + Kommentare von anderen ("so eingeredet")):
Agressiv, Streberhaft, "dich brauch doch niemand!".
"lästerer!", "wer will dich schon!", "mit dem in einem Team sein muss schrecklich sein!", Geschenk von ihm: raus aus dem Fenster damit!, "Ihh, ist er eglig!", "Umarmen: alle anderen, bloß nur nicht ihn!", "Kackab!", "Fettsack!", "Fettarsch",
"nim ein Messer und bring dich um!" (bei denn sachen, wieso eigentlich nicht?), (Nur zur info: habe täglich 15–?min Selbstmordgedanken).
Is doch schwächer, also STOP na go! (–
"er ist soooo dumm!", "Arschloch!".

LG ooooo (Wahre geschichte!!!)

Christine Laude • Mobbing und Cybermobbing in der Schule

Christine Laude

Mobbing und Cybermobbing in der Schule

Gewalt erkennen und wirksam beenden mit dem NO BLAME APPROACH

INFO3 VERLAG

Christine Laude, Mobbing und Cybermobbing in der Schule

1. Auflage 2021

ISBN 978-3-95779-142-9

Umschlag und Satz: Frank Schubert, Frankfurt am Main
unter Verwendung eines Fotos von istock

Lektorat: Dr. Silke Kirch, Frankfurt am Main

Druck und Bindung: CPI books, Leck

www.info3.de

Inhalt

„Denn es ist nicht die Trägheit allein, welche macht, dass die menschlichen Verhältnisse sich so unsäglich eintönig und unerneut von Fall zu Fall wiederholen, es ist die Scheu vor irgendeinem neuen, nicht absehbaren Erlebnis, dem man sich nicht gewachsen glaubt.

Aber nur wer auf alles gefasst ist, wer nichts, auch das Rätselhafteste nicht, ausschließt, wird die Beziehung zu einem anderen als etwas Lebendiges leben und wird selbst sein eigenes Dasein ausschöpfen."

Rainer Maria Rilke

Ich möchte dieses Buch meinen vier Kindern Katharina, Mechthild, Lilia-Magdalena und Georg sowie meinem Ziehsohn Dam widmen.

Ihr Vertrauen in mich während ihres Heranwachsens erleben zu dürfen sowie die vielen tiefgründigen Gespräche, durch die sie mich fortwährend in ihr Leben miteinbeziehen, bilden die wichtigste Kraftquelle für meine Arbeit.

Mein herzlicher Dank geht an den Info3-Verlag. Ohne viele Umschweife und unkompliziert in allen Absprachen wurde entschieden, dieses Buch zu verlegen. Einen besonderen Dank möchte ich ergänzend der Lektorin Silke Kirch aussprechen, die mit großem Einfühlungsvermögen meine Intentionen verstanden hat und immer wieder wertvolle, weiterführende Gedankenanstöße beisteuerte.

Einleitung

„Die lärmende Müdigkeitsgesellschaft ist taub.
Die kommende Gesellschaft könnte dagegen eine
Gesellschaft der Zuhörenden und Lauschenden heißen.
Im Gegensatz zur Zeit des Selbst, die uns isoliert und
vereinzelt, stiftet die Zeit des Anderen eine Gemeinschaft.
Sie ist daher eine gute Zeit."

Byung-Chul Han

Soziale Herausforderungen

Die Welt, in der wir heutzutage leben, lieben, arbeiten und streiten, von manchen beschrieben als *flüchtige Moderne*[1], als *Risikogesellschaft*[2] oder als die *Austreibung des Anderen*[3], hinterlässt Spuren auf menschlicher wie organisationaler Ebene. Alles wird immer mehr und immer schneller. Wir begegnen überall Entgrenzung – unendlich erscheinende Aufgabenberge und Entscheidungsfelder, überwältigende Konsummöglichkeiten, Entgrenzung der Arbeitszeit – alles und jeder soll ständig verfügbar sein.[4] Die Herausforderungen der globalisierten Welt in ihrer schier unerträglichen Mehrdeutigkeit scheinen zu einer Grundverunsicherung zu führen. Bei der Suche nach Orientierung geraten wir immer mehr in Polarisierungen, die sich oft in schablonenhaftem Denken „Entweder-oder" – „Ich oder der Andere" widerspiegeln, sowie in Ablehnung, Unversöhnlichkeit, Gleichgültigkeit und Selbstbezogenheit beziehungsweise egoistischem Machtstreben.

1 Baumann 2021.
2 Beck 2015.
3 Byung-Chul Han 2016.
4 Rosa 2016, S. 13ff.

Die Persönlichkeit scheint auf einen Höhepunkt der Individualisierung getrieben: „Es sind ja Abgründe in unserem Zeitalter schon aufgerissen zwischen Mensch und Mensch! In einer Weise, wie es die Menschen gar nicht ahnen, gehen sie heute aneinander vorbei, ohne sich im Geringsten zu verstehen", formulierte Rudolf Steiner[5] vor etwa hundert Jahren.

Der innere Halt und damit die Lebenssicherheit scheinen verloren. Es breitet sich zunehmend ein Gefühl der Entfremdung gegenüber Menschen und Dingen aus, das sich darin ausspricht, alles langweilig, nichtssagend oder beängstigend wie bedrohlich zu empfinden. Die Suche nach Sinn geht in eine Leere, über die auch eine weltumspannende Netzgemeinschaft nicht mehr hinwegtäuschen kann.

Auswirkungen auf die Schule

Es ist nicht zu übersehen, dass die Erscheinungen unserer Zeit vor der Schule nicht Halt machen, sich im Gegenteil gravierend auswirken und neue Anforderungen stellen, da auch die soziale Welt komplex geworden ist. Während Sozialisation noch Ende des vorigen Jahrhunderts vorrangig als passiver Anpassungs- und Prägungsprozess des Menschen an die ihn umgebende Gesellschaft verstanden wurde – als Verinnerlichung der vorherrschenden Werte, Normen und Rollen –, betont der heutige Sozialisationsbegriff den aktiven Prozess der Auseinandersetzung des Individuums mit der ihn umgebenden Welt. Die Zeiten, in denen Erziehungsziele aus überzeitlichen Normen abgeleitet werden konnten, sind endgültig vorbei. Da auch die Verweildauer vor Ort stark angestiegen ist, sind Schulen von einem Lernort zu einem Lebensort geworden.

Auch an Waldorfschulen – so muss man heute konstatieren – sind viele Eltern und Lehrerinnen und Lehrer aufgrund der gesellschaftlichen Herausforderungen, die auch sie betreffen,

5 Steiner 1990, GA 186, S. 170.

überfordert mit den Erziehungsaufgaben. Erziehungsziele können konkurrieren und einander widersprechen, so beispielsweise zwischen Schule und Eltern oder unter den Lehrenden. Die Zahl der als „schwierig" empfundenen Kinder und Jugendlichen nimmt zu und problematische Klassensituationen häufen sich. Eine gegenseitige Vorwurfshaltung – „Lehrer müssten", „Eltern sollten" –, die häufig zu hören ist, führt jedoch zu einer fatalen Interpretation von Gruppenzuordnungen, die falsche Erwartungen und Ängste – auf beiden Seiten – geradezu schürt. Es geht zwar um verschiedene Funktionen, aber letztendlich sind Eltern und Lehrer gleichberechtigte Partner in unterschiedlichen Rollen und bilden eine Verantwortungsgemeinschaft im Interesse der Schülerinnen und Schüler.

In der Waldorfschule verbindet Lehrer und Eltern darüber hinaus noch ein besonderes Erziehungsideal, wobei es um eine Pädagogik geht, die nicht nur die kognitiven, sondern auch die emotionalen, sozialen und künstlerischen Fähigkeiten sowie grundsätzlich Handlungskompetenz herausbilden möchte. Dabei kommen entwicklungspsychologischen Aspekten altersgerechten Lernens sowie konkreten Anerkennungserlebnissen, welche Selbstfindung und Selbsterfahrung stärken, eine besondere Bedeutung zu. Wenn dabei insbesondere die sich in Freiheit entfaltende Individualität eines jeden Kindes im Mittelpunkt steht, ist damit jedoch nicht gemeint, dass dies von ganz allein sich vollzieht, Kompetenzen sich – quasi anstrengungsfrei – aneignen lassen. Wissensdurst, Entdeckerfreude, Kreativität sowie eine natürliche Liebe zu allen sie umgebenden Menschen und Dingen bringen Kinder mit. Aber sie sind auf allen Ebenen zur Entwicklung ihrer Potenziale auf qualifizierte Angebote angewiesen. Und zwar durch beziehungsorientierte Erwachsene als Vorbilder. Besonderen Wert haben diese Erfahrungen gerade dann, wenn sie im Rahmen von Tätigkeiten gemacht werden können, die auch von Erwachsenen selbst vollzogen, beziehungsweise gelebt werden.

Dabei geht es beispielsweise auch um „lautlose Resonanzen“. Manchmal ist es schwer, eine sich langsam aufbauende innere Abneigung gegen ein Kind, das immer wieder eine verweigernde Haltung einnimmt, zu überwinden. Kinder spüren jedoch den inneren Monolog: „Ach, du schon wieder! Was kommt jetzt wieder auf mich zu?“. Diese negative Resonanz – vielleicht von mehreren Seiten – wird vom Kind wahrgenommen, internalisiert und als soziale Zurückweisung erlebt. So wie umgekehrt allein schon die innere Frage: „Wer bist du eigentlich? Ich würde dich gerne besser verstehen?“ einen Möglichkeitsraum eröffnet, in den es sich hineinentwickeln kann. Entscheidend dabei ist, dass das Kind erlebt, dass man ihm eine Zukunft zutraut.

Soziale Verbundenheit und Beziehungskultur

Gerade Schulen haben vor dem Hintergrund der enormen gesellschaftlichen und menschlichen Umbrüche die große Chance, Kindern und Jugendlichen in besonderer Weise die Qualitäten des Füreinander zu erschließen. Sie können Lebensorte für Sozialerfahrungen und die Aneignung sozialer Fähigkeiten auf der Basis positiver, eindeutiger und tragender Beziehungserfahrungen werden. Denn die selbstverantwortliche Gestaltung sozialer Prozesse ist mitbestimmend für ein aktives Ergreifen der eigenen Lebensführung. Dazu gehören: durch Erfahrungen zu reifen, Vertrauen in die eigene Zukunft zu entwickeln, in vielen sozialen Alltagsherausforderungen zu lernen, handlungsfähig zu sein sowie ein aktives Bewältigungsverhalten und eine gute Selbstregulation in krisenhaften Lebenssituationen zu erwerben.

Auch erfolgreich und teamorientiert miteinander zu arbeiten, gegensätzliche Ansichten zu akzeptieren, die Perspektive des Anderen zu verstehen sowie Interesse und Empathie zu entwickeln, sind Ausdruck von Sozialfähigkeit. Konflikte und Auseinandersetzungen untereinander konstruktiv lösen zu lernen, indem man die gegenseitigen Bedürfnisse erfragt und berücksichtigt, statt auf Positionen zu beharren, bildet zugleich zentrale Kompetenzen demokratischer Prinzipien und Verhaltensweisen, die eine zukunftsgestaltende Teilhabe an gemeinschaftlichen beziehungsweise gesellschaftlichen Prozessen erst ermöglichen.

Schulen müssen sich mit der Frage auseinandersetzen: Nehmen wir die Signale wahr, die von Kindern und Jugendlichen ausgehen, können wir sie verstehen, entsprechende Erkenntnisse daraus ableiten und Veränderungen initiieren?

Gesellschaften leben in ständiger Entwicklung. Viele Veränderungen und krisenhafte Zuspitzungen sowie deren Tragweite werden uns jedoch erst mit genügend Abstand bewusst. Gelingt eine vorurteilsfreie Sicht auf die Phänomene, wird deutlich, dass an allen Veränderungen immer und überall Menschen beteiligt sind: als Ideengeber, Entscheider, Ausführende, Zerstörende, Kontrollierende, Konsumierende ... Immer sind es Menschen in Beziehungen zu anderen Menschen. Das macht eine Auseinandersetzung mit unserer Beziehungskultur dringlich, denn ein Denken in Beziehungen sieht sich selbst in seiner Umgebung und nimmt diese – liebevoll – mit ihren Eigenheiten, Bedürfnissen, Stärken und Schwächen wahr.

Wir können uns daher einmal selbst fragen: Wenn wir die Zukunft mitgestalten wollen, wie wollen wir unseren persönlichen Beitrag zu einer guten Beziehungskultur gestalten? Denn Momente gelingender Beziehung – so kurz sie auch sein mögen – sind keine unwesentliche Randerscheinung einer Begegnung, sondern die Voraussetzung für soziale Verbundenheit.

Die Kraft des Zuhörens

Ein erster Schritt liegt häufig darin, Augenblicke innerer Stille zu finden und die herausfordernde Situation vorurteilslos einfach auszuhalten, wirken zu lassen und zu betrachten – dann entsteht möglicherweise die Bereitschaft, dass ich mich einlasse auf das Andere in mir, das Andere im Anderen, auf das Fremde, das Unbekannte, Geheimnisvolle und zunächst vielleicht vollkommen Unverständliche. Im Zwiegespräch beginnen wir zu lauschen, nach innen, in unsere Umgebung hinein – wir werden aufmerksam, hören, und fangen an zuzuhören, anderen zuzuhören.

Dieses Hinhören braucht jedoch Ruhe und Anleitung – ein Langsam-Werden, um ohne Zeitdruck die Dinge selbst sprechen zu lassen, um auch diese damit in ihrer Ganzheit zu belassen. Anders ausgedrückt bedeutet das, den voreiligen Ausdruck zu Gunsten eines beginnenden Eindrucks zu vermeiden und stattdessen intensive Begegnung zuzulassen.

Michael Ende hat die verändernde Kraft des Zuhörens in seiner Figur Momo wunderbar herausgearbeitet. Momo konnte zuhören, so zuhören, dass im anderen Menschen Gedanken oder Empfindungen aufstiegen, von denen er nie angenommen hätte, sie erleben zu können. War jemand beispielsweise schüchtern und ängstlich, fühlte er sich plötzlich frei und mutig. War jemand ratlos und unentschlossen, wusste sie auf einmal ganz genau, was sie wollte. Und wenn ein Mensch zu Momo kam, der sich als völlig bedeutungslos empfand und als jemand, auf den es überhaupt nicht ankommt im Leben, dann konnte es auf geheimnisvolle Weise geschehen, noch während er mit ihr sprach, dass er spürte, dass er, gerade so wie er war, auf eine einzigartige Weise für die Welt wichtig war.[6]

Wie ist es möglich, dass sich Menschen gegenseitig verstehen, wenn sie einander wie Momo zuhören, staunend fühlen, was andere fühlen und – sich Unerwartetem öffnend – intuitiv ein Bild davon machen, was in anderen vorgeht?

6 Ende 1973, S. 15 ff.

Ich – im Angesicht des Anderen

Die Wirkungen, die Menschen aufeinander haben können, werden häufig zunächst gar nicht wahrgenommen, weil sie sublim und unmerklich vonstatten gehen. Viele nehmen erst dann wahr, dass Menschen Wirkungen aufeinander ausüben, die uns tatsächlich verändern, wenn sie mit einer großen Dynamik positiver oder negativer Emotionen einhergehen. Die Wirkung, die Menschen aufeinander ausüben, gestaltet sich jedoch schon allein durch Beziehung, durch wechselseitige Resonanz.

Der Neurowissenschaftler, Arzt und Psychotherapeut Joachim Bauer hat diese Wirkung auf neurobiologischer Basis als vermittelt durch die sogenannten „Spiegelsysteme" dargestellt,[7] der Soziologe Hartmut Rosa entwickelte – darauf aufbauend – die soziale Dimension[8], auf die ich im ersten Kapitel dieses Buches noch ausführlicher eingehen werde.

Guter zwischenmenschlicher Beziehungen bedarf der Mensch ein Leben lang. Aber vor allem Kinder und Jugendliche entwickeln Vitalität, Lebensfreude und Motivation, wenn sie sich geliebt, zugehörig und in sicherer Beziehung befinden.

Autonomie in Verbundenheit

Der notwendige Erwerb von Autonomie lässt sich nicht gegen soziale Verbundenheit entwickeln, sondern setzt diese voraus. Junge Menschen, die sich auf den Weg Richtung Autonomie begeben, brauchen Ermutigung und Inspiration von anderen, meist Eltern und Lehrerinnen und Lehrern. Die Resonanzen, die sie in der Schule erhalten, sind dabei von überragender Bedeutung,[9] denn es geht um soziale Erfahrungsräume, in denen Mut, Besonnenheit, Einschätzungsvermögen, Selbstbeobachtung und Anerkennung von Grenzen gelernt werden können, um die Geheimnisse eines gelingenden sozialen Zusammenlebens zu entdecken.

7 Bauer 2005.
8 Rosa 2016.
9 Bauer 2019, S. 119.

Kinder und Jugendliche bedürfen dafür einer als Vorbild gelebten Führung und des Rückhalts durch erfahrene Andere.

Ein junger Mensch, der diese psychosozialen Fähigkeiten lernen und entwickeln darf, kann von sich selbst sagen:

„Ich habe Menschen um mich, die mir vertrauen und mich wertschätzen."

„Ich habe Menschen um mich, die mir als Vorbilder dienen und von denen ich durch Teilhabe lernen kann, Verantwortung zu übernehmen."

„Ich habe Menschen um mich, die mir helfen, mich in unterschiedlichen kulturellen und sozialen Umfeldern zurechtzufinden und selbstständig handeln zu können."

„Ich habe Menschen um mich, die mir ermöglichen zu lernen, mit Konflikten gewaltfrei umzugehen."

„Ich bin respektvoll mir selbst und anderen gegenüber."

„Ich bin froh, anderen helfen zu können und meine Anteilnahme zu zeigen."

„Ich bin zuversichtlich, dass alles gut wird und sich für Probleme Lösungen finden lassen."

„Ich kann mein Verhalten in schwierigen Situationen kontrollieren."

„Ich kann spüren, wenn es richtig ist, eigenständig zu handeln oder ein Gespräch mit jemandem zu suchen."

„Ich weiß, dass auch Schwierigkeiten, Misserfolge und traurige Ereignisse zum Leben dazugehören und dass es auf mich selbst ankommt, was ich daraus mache."[10]

Mobbing in der Schule wirksam begegnen

Auch Mobbing und Cybermobbing stehen mit oben charakterisierten Zeitphänomenen in Zusammenhang und werden wegen der oft schwerwiegenden Folgen mit zunehmender Aufmerksamkeit wahrgenommen.

10 Zander 2011 sowie Schopper 2019.

Das Auftreten von Mobbing lässt sich nicht immer verhindern und ist in der Schule ein schwieriges, die Lehrkräfte und Eltern gleichermaßen herausforderndes Thema. Lehrerinnen und Lehrer können sich hilflos fühlen oder sogar schuldig – „Warum passiert das gerade in meiner Klasse, was hab' ich falsch gemacht?" – und Eltern sind oft verzweifelt und fühlen sich von der Schule allein gelassen.

Aber Mobbing muss nicht tatenlos hingenommen werden. Es kann durch sinnvolles Intervenieren gut aufgelöst werden und damit allen Beteiligten (wieder) ein wertschätzendes und achtsames Miteinander ermöglichen, bei dem Zuhören und Anteilnahme im Mittelpunkt stehen.

Ausblick ins Buch

Erziehenden sowie insbesondere Lehrerinnen und Lehrern möchte ich mit diesem Buch einen praktischen Leitfaden an die Hand gegeben, um sinnvoll und wirksam Mobbing in der Schule beenden zu können. Gleichzeitig möchte ich Verständnis für die Entstehung von Mobbingdynamiken wecken und durch die Kenntnis der Kriterien eine Unterscheidung von anderen Gewalttaten oder alltäglichen Konflikten ermöglichen. Besonders wichtig ist es mir herauszuarbeiten, dass wir alles, was an Gedanken, Einstellungen und Werten in der Gesellschaft – und vor allem in uns selbst – lebt, bei den Schülern und Schülerinnen im Rahmen ihrer eigenen Entwicklungsschritte gespiegelt finden. Erwachsene spielen daher durch ihr Vorbild insbesondere in der kritischen Zeit des Heranwachsens von Kindern um das zweite Lebensjahrsiebt und durch Teilhabemöglichkeiten der Jugendlichen im dritten Jahrsiebt, eine entscheidende Rolle, wie diese ihr Leben später ergreifen können.

Eine spirituell gegründete Pädagogik wie die Waldorfpädagogik kann für diese Verantwortung die Tiefendimension erschließen, daher stelle ich Gedanken dazu allen weiteren Ausführungen zum Thema Mobbing und Cyberbmobbing voran.

Eine Intervention mit dem in diesem Buch vorgestellten Ansatz *No Blame Approach* bezieht ihre Wirksamkeit gerade aus dieser gelebten Vorbildfunktion, die auf einer positiven und beziehungsorientierten inneren Haltung der Erwachsenen beruht. Ein weiterer Schlüssel zum Erfolg ist das zentrale Element der freien Entscheidung von Schülerinnen und Schülern, welche Lehrer*innen in allen Schritten der Durchführung unterstützen. Darin drückt sich die Achtung vor der Individualität des jungen Menschen aus, sie stärkt gleichzeitig seine Selbstwirksamkeit.

Das Einverständnis der/des von Mobbing Betroffenen bildet dabei die Voraussetzung und den Auftakt für den anschließenden Prozess der Umwandlung der destruktiven Mobbingstruktur in ein faires und hilfsbereites Miteinander in der Klasse. Aber auch die Mitglieder der Unterstützergruppe wirken aufgrund ihrer freien Entscheidung mit, ohne dass (moralischer) Druck auf sie ausgeübt wird. Ebenso wird von Mobbingakteur*innen Einsicht in das eigene destruktive Verhalten zu keinem Zeitpunkt als Bedingung eingefordert. Die Erfahrung hat bestätigt, dass sie gerade dadurch einen empfindungsmäßigen Zugang zu ihren eigenen destruktiven Gefühlen bekommen können, ihr Verhalten ändern und sich mit großer Erleichterung wieder unbeschwert in die Gemeinschaft eingliedern.

Im Praxisteil werden Gesprächsanleitungen, die meine Kollegin Andrea Gerlach und ich in unserem Institut gemeinsam entwickelt haben, als Orientierungshilfe zur Verfügung gestellt.

Eine Schulung in der Vorgehensweise mit dieser Methode ersetzt dieses Buch jedoch nicht. Es hat sich vielmehr als hilfreich erwiesen, bevor man den Ansatz durchführt, einmal selbst in die „Haut“ von Schülerinnen und Schülern zu schlüpfen und nachzuspüren, wie und wodurch eine Haltungsänderung vollzogen werden kann. Auch sich selbst in der Rolle des Gesprächsführenden zu üben und anschließend zu reflektieren ist wichtig, um die Intention der Methode zu verinnerlichen und Sicherheit zu gewinnen.

Ein Buch kann die Verhältnisse nicht verändern, aber vielleicht einer der vielen kleinen Impulse sein, die den Anstoß geben, einen Prozess der Veränderung mit einzuleiten.

Andere und Ich

Die Bedeutung von Beziehung in der Pädagogik

„Nur wenn du in dich selber hinabsteigst, erlebst du in der Begegnung mit dem anderen das Gute als die äußerste Wirklichkeit – geeinigt und lebendig, in ihm und durch dich."

Dag Hammarskjöld

In der Pädagogik dominieren oft Wissen, Noten, Abschlüsse, Methodik und Didaktik. Doch es werden ja Menschen und nicht Fächer unterrichtet. Fachkompetenz ist wichtig, aber in erster Linie sind und bleiben Lehrerinnen und Lehrer Entwicklungsbegleiter*innen. Schule ist daher immer ein Ort, an dem prägende Beziehungserfahrungen gemacht werden. Dabei gestalten sich Erfahrungen im Erleben von Aufmerksamkeit, Interesse, Mitgefühl, Teilhabe, Selbstwirksamkeit und Anteilnahme positiv entwicklungsfördernd für die Daseinsqualität von Kindern und Jugendlichen, wie andererseits die Erfahrung, nicht wahrgenommen oder nicht angenommen zu werden, gleichsam gar nicht da zu sein – wie es Betroffene beim Auftreten von Mobbing erleiden –, entwicklungshemmende Konsequenzen hat.

Das fordert eine pädagogische Ethik in Form einer Beziehungskompetenz von Erziehenden geradezu heraus. Beziehungskompetenz gemeint als Fähigkeit, ein Kind als Individuum wahrzunehmen, mit ihm authentisch in Kontakt zu sein, und das eigene Verhalten darauf auszurichten – ohne die Führung aufzugeben.

Dabei lautet der unausgesprochene Auftrag des Kindes an seine Bezugspersonen: Lass mich, durch die liebevolle Zuwendung, die ich von dir erhalte, spüren, dass ich existiere. Zeige mir durch die Art und Weise, wie du mich seelisch berührst, wer ich bin. Hilf mir durch deinen Umgang mit anderen Menschen und wie du mit dir selbst umgehst, zu begreifen, was es heißt, Mitmensch zu sein.

Dies bedeutet, dass ich als Lehrerin oder Lehrer in der Schule in einem umfassenden Sinn bereit bin, für meine Schüler*innen Verantwortung zu übernehmen. Dadurch kann man einen pädagogischen Rahmen schaffen, in dem gelingende Begegnungen von Ich und Anderen zu beziehungsstiftenden Verbindungen werden, die Entfremdung überwinden helfen. Nicht die Ergebnisse, sondern die Erfahrung, selbst etwas bewirken zu können, das Erleben der Wechselwirkung im Prozess, sind dabei jedoch entscheidend. Das erfordert aber Kenntnis von Entwicklungsgesetzmäßigkeiten und deren Beachtung, da in jedem Alter sehr unterschiedliche seelische und soziale Bedürfnisse im Vordergrund stehen.

Reifung und Entwicklung

Welche pädagogischen Voraussetzungen und welche innere Haltung des Erwachsenen können dazu beitragen, dass junge Menschen sich eigenständig entwickeln und zugleich das eigene Handeln auch in Bezug auf andere verantworten lernen? Was sind die Werte in Erziehung und Bildung, die über das Ziel einer rein gesellschaftlichen Funktionalität von Wissen hinausweisen?[11] Wie lernen junge Menschen, die für unser Zusammenleben grundlegenden Spannungsfelder von Autonomie und Zugehörigkeit, Abgrenzung und Verbundenheit auszubalancieren? Und wodurch konkret können Schülerinnen und Schüler im eigenverantwortlichen Zugriff entsprechende Kompetenzen erwerben und üben?

11 „Wir müssen die Schultüren vor Wirtschaft, Mode und sonstigen Nervensägen schließen." Sloterdijk 2021, S. 22

Eine pädagogische Haltung, die auch die spirituelle Dimension des Menschen umfasst, hat diese Perspektiven grundsätzlich im Blick. Zusätzlich gilt es die unterschiedlichen Entwicklungsphasen in Kindheit und Jugend differenziert wahrzunehmen. Mobbing tritt häufig im Zusammenhang mit den inneren Differenzierungsprozessen von Ich und anderen auf, welche für die seelisch-geistige Reifung des Heranwachsenden grundlegend sind. Insbesondere in der Zeit um das neunte, zehnte Lebensjahr herum, wenn das Kind mit der beginnenden Ablösung von Familie und Umwelt eine neue menschlich-seelische Qualität in der Identitätsfindung erlebt – von Rudolf Steiner, dem Begründer der Waldorfpädagogik als Rubikon bezeichnet – sollten Lehrer*innen nicht nur Zeuge dieser Entwicklungsschritte werden, sondern gleichzeitig selbst die Zusammenhänge erforschen, um aus situativer Intuition heraus handeln zu können und um gemäß eigener Überlegungen Weiterentwicklung anzuregen.

Vorfreude auf sich selbst

In Rudolf Steiners Ausführungen zur Anthropologie ist bemerkenswert, dass er schon in seinem frühen Werk *Von Seelenrätseln. Anthropologie und Anthroposophie*[12] die leibliche und seelische Funktion des Menschen um die geistige erweitert: „Die Seele steht nach der anderen, vom Leibe abgewandten Seite in Beziehung zu einem geistig Wesenhaften, das die Grundlage ist für das Vorstellen des gewöhnlichen Bewusstseins."[13]

Zu Beginn ganz an Wachstum und Differenzierung der Organe und des Gehirns und der aus dem Unterbewussten wirkenden (Willens-)Kraft der Nachahmung hingegeben, kann das Kind mit Beginn der Schulzeit Schritt für Schritt den eigenen Seelenraum insbesondere gefühlsmäßig ergreifen lernen. Dabei bringen Kinder ihre Neugier, ihre Begeisterung mit und tragen – wie es der Philosoph Peter Sloterdijk ausgedrückt hat – „dieses unschätzba-

12 Steiner 1983 (erstmals 1917), GA 21.

13 Ebd., S. 119, 1983.

re Medium der Vorfreude auf sich selbst, in den Lernvorgang hinein."[14] „Lernen ist Vorfreude auf sich selbst."[15]

Nach der Pubertät, im Milieu einer reifenden Urteilskraft aus wachsender, selbstbestimmter Verantwortung heraus, kann der Jugendliche seine Identität nun auch nach und nach autonom und Erkenntnisgeleitet zum Ausdruck bringen.

In der Erziehung und pädagogischen Entwicklungsbegleitung ergibt sich daraus die Aufgabe, dem ganz Eigenen, dem Ich-Sein-Können, den Weg zu ebnen. Dies kann gelingen, wenn Eltern sowie Lehrerinnen und Lehrer auf die jedem Menschen immanente Lebensführungskraft vertrauen und ihn durch alles, was sie tun und was sie sind, unterstützen. Dadurch geben sie dem jungen Menschen die Möglichkeit, aus sich selbst heraus das zu werden, was nur er und niemand sonst sein kann.[16]

Durch das seelische Erleben unterscheidet sich jeder Mensch radikal von jedem anderen. Die verschiedenen, oft kompliziertesten Eigenschaften, sind ein Spiegel unserer jeweiligen Individualität. Doch das schließt nicht aus, dass wir uns zugleich mit der ganzen Menschheit verbunden fühlen können.[17] In einem Umfeld, das achtsam mit den Bedürfnissen von Verbundenheit und Abgrenzung, Bindung und Lösung umgeht, kann sich nach und nach ein gesundes Selbstbewusstsein herausbilden und durch Erkenntnis lebensweltlicher Zusammenhänge zu verantwortlichem Handeln immer neu verbinden.[18] Diese Entwicklung zur Freiheit erfordert ein hohes Maß an Verbindlichkeit im Sozialen.

14 Sloterdijk 2021, S. 22.

15 Ebd., S. 20.

16 Steiner 1978, GA 303, S. 215ff.

17 Steiner 1991 (1922), GA 305, sowie Dietz 2003, S. 15.

18 Ebd., S. 14ff.

Mit der Welt in Beziehung treten

Hinsichtlich der biographischen Charakterbildung weist Steiner nun auf zwei maßgebliche seelische Grundkräfte hin. Er nennt sie Antipathie und Sympathie und beschreibt sie als konstitutiv, allein bedingt durch die Tatsache, dass wir Mensch unter Menschen sind. Sympathie ist dabei die Kraft, die eine andere Seele anzieht, und

Antipathie die Kraft, mit der die Eigenheit behauptet wird; letztere ermöglicht uns Selbstwahrnehmung sowie Selbstbewusstsein, sprich: die persönliche Verortung in der Welt. Dadurch stellen wir uns jedoch dem Anderen gegenüber, trennen uns ab. Indem wir unser Selbstsein zurücknehmen, kann das als Gegenüber erlebte Du in uns anwesend sein. Sympathie wirkt im Unterbewusstsein in den Willenskräften und tritt halbbewusst als Zuneigung in Erscheinung. Antipathie wirkt dagegen als Abneigung und im Denken bewusst als Vorstellungsvermögen. Im Fühlen findet der Wechsel statt: „[W]ir schaffen den Keim des seelischen Lebens als einen Rhythmus von Sympathie und Antipathie“, so Rudolf Steiner.[19] Auch die erwähnten seelischen Grundbedürfnisse des Menschen nach Bindung und Autonomie kommen hierin zur Geltung.

In seinem Grundlagenwerk *Resonanz* beschreibt der Soziologe Hartmut Rosa die Qualitäten menschlichen Lebens, welche die wachsende Beschleunigung und die Entfremdung von Ich und Welt, Ich und Anderem überwinden können, als stabile Resonanzverhältnisse oder „Antwortverhältnisse“. Seine These des sozialen menschlichen Grundbedürfnisses nach Resonanz korreliert eng mit Steiners Beschreibung der sympathisch-antipathischen Kräftewirkung. Rosa arbeitet heraus, dass „Sympathie und Antipathie wechselseitige Resonanzverhältnisse zum Ausdruck bringen“[20] und Subjekt-Objekt-Beziehungen in Resonanzerfahrungen „mit eigener Stimme“ sprechen und dadurch Beziehungsfähigkeiten konstituieren. „Mit der Welt in Beziehung zu treten, heißt, sich Welt anzuverwandeln.“[21]

Interessant ist in diesem Zusammenhang die Tatsache, dass Resonanz keineswegs als Dauerzustand etabliert werden kann, sondern dass sie als punktuelles, momenthaftes Gelingen eintritt, wenn die beiden Kräfte der Sympathie und Antipathie sich in einem „schwingungsfähigen Medium wechselseitig“ berühren. Dieser Resonanzraum ist aber willentlich nicht herstellbar. Resonanzbeziehungen haben daher immer das Moment des „Unverfügbaren“, man kann sie nicht verordnen oder künstlich erzeugen.

19 Steiner 1980, GA 293, S. 34ff.

20 Rosa 2016, S. 259.

21 Rosa/Endres 2016, S. 16.

Sie bilden sich im „Unvorhergesehenen" als Wirkung, wenn „Dinge" und Menschen zueinander sprechen.[22]

So entfaltet sich im Zwischenmenschlichen inmitten von Wechselbewegungen – mit Steiners Worten, des Aufwachens *am* Anderen und des Einschlafens *im* Anderen – nach und nach die Individualität und geistige Autonomie des Menschen ein Leben lang, zunächst durch Erziehung, später in Selbsterziehung.[23]

In diesem Sinne verwirklicht der Mensch sein Menschsein über Beziehungen und erschließt sich dadurch einen zwischenmenschlichen Bedeutungsraum, den Martin Buber folgendermaßen beschreibt: „Der Mensch wird am DU zum ICH. Gegenüber kommt und entschwindet. Beziehungsereignisse verdichten sich und zerstieben, und im Wechsel klärt sich, von Mal zu Mal wachsend, das Bewusstsein des gleichbleibenden Partners, das Ich-Bewusstsein."[24]

Individualität und Freiheit

Wenn wir, Rudolf Steiner folgend, die Entwicklung der Individualität des Menschen im Wechselspiel zwischen Ich und anderen, Ich und Welt und zunehmender Selbsterkenntnis näher betrachten, so haben wir es auch hier wieder mit einer Polarität zu tun: mit der zunächst noch rätselhaft im Innern des Menschen verborgenen, singulären Individualität und dem sich allmählich aus seiner Beschränktheit befreienden Bewusstsein der eigenen Person.[25] Letzteres gipfelt – in Jahrsiebtperioden sich entfaltend und immer neue Kräfte und Möglichkeiten zur Verfügung stellend – im Freiwerden der „Ich-Organisation"[26] um das 21. Lebensjahr herum. Diese Entwicklungsphasen bilden in der Schule die Grundlage der Erziehungsmöglichkeiten und des Lernens.

Eine spirituelle Pädagogik wie die Waldorfpädagogik rechnet von Beginn an mit der Originalität, dem Ich des Kindes und Jugendlichen.

22 Rosa 2016 und 2018.

23 Steiner 1990, GA 186, S. 97.

24 Buber 2010, S. 37.

25 Steiner 1984, GA 118.

26 Steiner, GA 27 1991, S. 16.

Denn darin liegen ja die Lebens- und Schicksalsziele beschlossen. Aus dieser Haltung heraus leite ich als erziehende Person mein pädagogisches Handeln dahin, das Kind „nicht von mir aus [zu] bestimmen, sondern aus seinem rätselhaften Innern [...] herauszuholen, was mir selbst ganz unbekannt ist.“[27] Nicht Eltern und Pädagogen oder abstrakte Bildungsziele legen die Entwicklungsrichtung fest oder geben sie vor, sondern Erziehende lassen sich vom Kind, vom Jugendlichen führen. Auch dürfen allgemeine pädagogische Entwicklungsgesetzmäßigkeiten nicht den Blick auf das einzelne Kind verstellen, sie sind kein System, das man lernen und dann ausüben kann.[28] Sondern es geht vielmehr um die momenthaft gelingende, freie Begegnung zweier Individuen, die Bewegung und Veränderung initiiert: „Das ist ja gerade die Erdenmission, die sich durch die Liebe ausdrückt, dass das Ich dem Ich frei gegenüberstehen lernt“[29] – so formulierte es Steiner.

Der ganz andere Andere

Wahrnehmen, Verstehen und Einfühlen in eine mir vollkommen unbekannte geistige Wesenheit – diese Offenheit stellt die Beziehung zwischen Lehrerschaft und Schülerschaft auf einen fruchtbaren Boden.

Diese Offenheit schafft Raum für das Zwischenmenschliche, in dem Interesse für- und aneinander immer wieder neu entstehen kann. Eine lebendige Pädagogik entwickelt sich täglich neu und enthält den Moment der Unverfügbarkeit, der allein die Bedingung der Freiheit erfüllen kann. Hartmut Rosa beschreibt es folgendermaßen: „Natürlich ist Schule häufig Entfremdungszone, in der Lehrer das Gefühl haben, sie erreichen die Schüler nicht [...] Ja, das gibt es, aber auch die umgekehrte Erfahrung: Lehrer lassen sich auf das ein, was die Schüler ihnen erzählen, was sie fragen. Es ist eine große Kunst, auch im Unterricht das Abwegige, Plötzliche zuzulassen, da lässt sich der Lehrer ein auf die Stimmung und die

27 Steiner 1981, GA 53, S. 312.

28 Dietz 2003, S. 36.

29 Steiner 1985, GA 104, S. 156.

Bedürfnislage des Schülers, er wird zur Stimmgabel, und das ist eine große Kunst. Als Lehrer sollte man nicht immer nur auf die richtige Antwort setzen, sondern man sollte solche Freiräume für Resonanz schaffen."[30] Rudolf Steiner bezeichnet diese Fähigkeit als künstlerischen Sinn. „Dieser künstlerische Sinn ist zu gleicher Zeit der Sinn, der uns den Menschen unmittelbar in der Gegenwart in seiner Wesenheit erkennend ergreifen lässt, so dass diese Erkenntnis auch unmittelbare Lebenspraxis werden kann." Das ist aber zugleich jene Quelle, aus der sich die „Liebe zum anderen Menschen" entwickeln kann, durch die wir den anderen als dasselbe erkennen, wie wir es sind.[31] Rosa beschreibt Liebe als die tiefste Form einer Resonanzbeziehung, in der das Subjekt in reinster Weise zu einer „bezogenen Antwort" auf den Anderen werden möchte.[32] Eine Begegnungsmöglichkeit auf „Augenhöhe" kann hier in neuen Dimensionen erlebt werden.

30 Rosa 2018. https://www.swr.de/swr2/wissen/article-swr-11334.html (letzter Zugriff am 01.05.2021).

31 Steiner 1973, GA 304a, S. 20.

32 Rosa 2016, S. 141.

Welche zentrale Bedeutung einer geistesgegenwärtigen, künstlerischen Unterrichtsmethodik zukommt, liegt auch darin begründet, dass die Ich-Entwicklung des Menschen keineswegs gleichförmig-regelhaft, sondern spannungsgeladen und manchmal sprunghaft verläuft. Die Fähigkeit, als selbstverantwortlich handelnder Mensch in Beziehung mit anderen zu treten und sich mit seinem Umfeld zu verbinden, ist erst ungefähr um das 21. Lebensjahr herum voll ausgebildet; ein Bewusstsein von sich selbst als eigenständige Persönlichkeit entwickelt der Mensch aber schon in der frühen Kindheit.

Klippen der Selbstdifferenzierung

Zur Entwicklung gehört insofern immer auch die Diskrepanz zwischen Möglichkeiten und Fähigkeiten, zwischen Ideal und Wirklichkeit, die gleichermaßen ein Versprechen enthält wie auch eine Gefahr birgt: das Versprechen der Selbstwerdung sowie die Gefahr der Übertretung, der Anmaßung und Hybris.[33]

33 Steiner 1989, GA 133 und 1980, GA 150. Steiner führt in diesen Vorträgen aus, dass diese Diskrepanz – die Ver-

frühung des Ich-Bewusstseins – mit der für die menschliche Weiterentwicklung notwendigen Freiheit zusammenhängt. In seiner Schrift *Die Philosophie der Freiheit* führt er des Weiteren aus, wie erst durch die Freiheit als Möglichkeit, autonomes moralisches Handeln aus *Moralischer Intuition* heraus errungen werden kann. Dies bedeutet jedoch im Umkehrschluss, dass wir uns übertriebenen Egoismus, Abgrenzung und Hass selbst in den Weg stellen und uns zunächst von unserem eigentlichen Menschsein dadurch abtrennen – was in unserer gegenwärtigen Zeit besonders wahrnehmbar ist. Dies gilt es zu erkennen und zu überwinden. In diesem Sinne verstanden trägt Erziehung dazu bei, das Geistige im Menschen zu erwecken und der freien späteren Selbstentwicklung den Boden zu bereiten. Geisteswissenschaftlich betrachtet, sind es die luziferischen Kräfte, die dies ermöglicht, bewirkt haben.

34 Steiner 2001, GA 115.

35 Wilson 1994, S. 13ff.

Das Auftauchen des Ich-Bewusstseins oder Ich-Gefühls macht sich als eine erste schlafwandlerische Ich-Erfahrung ungefähr zwischen dem zweiten und vierten Lebensjahr bemerkbar. Durch diesen wichtigen Einschnitt im ersten Lebensjahrsiebt bildet sich auch allmählich das Gedächtnis durch die erwachende Denktätigkeit heraus. Diese begründet die zentrale Dimension der menschlichen Persönlichkeit, sich selbst als ein konsistentes biographisches Ich zu erleben.[34] In diesem Sinne könnte man auch sagen, dass das Ich seelisch als „Ich will sein" zu diesem Zeitpunkt in das menschliche Innere eintritt. Diese erste Form der Selbsterfahrung ist gleichzeitig auch ein Aufwacherlebnis aus der bis dahin ganz unbewusst erlebten Verbindung mit uns nahestehenden Menschen und der Welt. Eine Erfahrung, die den frühesten Zeitpunkt, an den wir uns in unserem Leben zurückerinnern können, markiert.

Eindrucksvoll schildert die 1927 in Südindien geborene, später querschnittgelähmte Ärztin Mary Verghese ein Erlebnis, welches sich ungefähr in ihrem vierten Lebensjahr ereignete: Niemals würde sie die Begegnung mit „Joseph", dem an Aussatz und Verkrüppelung leidenden Bettler vergessen, der an die Tür ihres recht wohlhabenden Elternhauses klopfte, als sie dort in der Nähe im Innenhof spielte. Sein Sing-Sang „Gelobt sei Gott, gelobt sei Gott" hatte sie unwiderstehlich angezogen. Erschrocken nahm sie die furchtbaren Entstellungen an seinem Gesicht, an Händen und Füßen wahr, war aber wiederum gebannt von seiner Ausstrahlung. Ehe sie sich ihm jedoch weiter nähern konnte, wurde sie zurückgerissen. Zornig, aber erfolglos, versuchte sie sich der Bediensteten zu widersetzen, die sie ins Haus trug. Sie konnte natürlich damals die Zusammenhänge nicht verstehen, aber das Erlebte hat sich ihr ins Gedächtnis tief eingeprägt. Später führte sie als Spezialchirurgin die kompliziertesten Sehnentransplantationen an von Aussatz verkrüppelten Menschen durch.[35]

Wenn ich mich an etwas Vergangenes erinnere, das sich auf meine Zukunft bezieht und einen sinnstiftenden Zusammenhang herstellt, stellt dies den gelingenden Moment eines mein Bewusstsein erhellenden Antwortverhältnisses – eine Schicksal erfüllende „zeitliche Achse", zwischen Ich und „In-der-Welt-sein" – dar.[36]

Zunächst bleibt jedoch das Kind bis zur Schulreife ganz an seine soziale Umgebung hingegeben, sein Ich-Bewusstsein ist noch vollständig im Körpergefühl verborgen und ist trotz dieser allerersten Ich-Empfindung noch nicht in der Lage, sich von seiner Umgebung getrennt wahrzunehmen. Es erlebt sich vielmehr als gleichberechtigten Teil der Welt, die noch ein in sich geschlossenes Ganzes ist und von ihm durch Nachahmung erobert wird.[37] In den ersten zwei Jahren der Schulzeit prägt dieses Urvertrauen noch das grundsätzliche kindliche Verhalten.

Punkt ohne Wiederkehr: Rubikon

Mit Beginn des neunten und zehnten Lebensjahres – der Altersstufe, in der Mobbing meist zum ersten Mal auftritt – befinden sich die Schüler*innen mitten in einem Prozess einer erneuten Prägung des Ich-Bewusstseins – es taucht quasi wieder auf (Steiner spricht hier von Rückkehrung). Die rein körperliche Entwicklung korreliert in dieser Zeit mit einem „Gegeneinanderschießen" der Kräfteströme des Seelisch-Geistigen einerseits und Seelisch-Physischen andererseits, was sich vor allem in der Ausgestaltung der funktionellen Systeme, deren hauptsächlichstes Merkmal der Rhythmus ist, zeigt. Gemeint sind insbesondere das Herz-Kreislaufsystem und das Lungenatmungssystem, die miteinander im Austausch stehen und sich jetzt allmählich auf ein Verhältnis von vier zu eins einspielen: vier Herzschläge auf einen Atemzug. Morphologisch haben sich die Lungen im zehnten Lebensjahr weitgehend ausdifferenziert, die Zahl der Lungenbläschen wächst nicht mehr, auch wenn ihre Oberfläche noch größer wird, um die Atmungskapazität zu erhöhen.[38] Auch weitere Prozesse im Körper, die einer zeitlichen, rhythmischen Ordnung unterlie-

36 Rosa/Endres 2016, S. 24.

37 Steiner 1987, in GA 34, S. 323ff.

38 Rohen 2009, S. 166ff.

gen, angefangen vom auffälligsten Rhythmus, dem vierundzwanzigstündigen Schlaf-wach-Rhythmus, über den schnellen Rhythmus des Nervensystems bis hin zu der langsamen Tätigkeit des Stoffwechsels, verändern sich allmählich und pendeln sich auf das neue Bewusstseinsverhältnis ein. Jedes Organsystem hat dabei seinen eigenen rhythmischen Ablauf. Alle diese Prozesse im Körper greifen jedoch ineinander und spiegeln sich im Herzschlag wider, was sich mithilfe der Herzratenvariabilität zeigen lässt. Das Herz wird zum Zentrum der Kräfteströme, die – vermittelt durch den ausgleichenden Atmungsprozess – um ein neues Gleichgewicht ringen.[39]

Ich, Du und Wir

Verhältnisse und Beziehungen, wie sie in den Körperrhythmen zum Ausdruck kommen, sollten nun auch insbesondere auf seelischer Ebene in den Blick genommen werden.

Im eigentlichen Sinne kann man erst ab diesem Zeitpunkt, an dem das Ich nach innen „geboren" wird und in einer gewissen seelisch-gefühlsmäßigen Selbstständigkeit aufzuleuchten beginnt,[40] von dem dualistischen Prinzip der nun im Verhältnis gleichwertig wirkenden sympathischen und antipathischen Kräfte sprechen.[41]

Das neunte und zehnte Lebensjahr ist eine kritische Lebensphase, in der große Herausforderungen für die Ich-Entwicklung gemeistert werden müssen und Erziehenden „die unermessliche Wichtigkeit jenes Lebensrubikon, der um das neunte Jahr herum liegt"[42] vor Augen führt.

Das Kind erlebt sich jetzt endgültig von der Natur und seiner sozialen Umgebung getrennt, unterscheidet zwischen sich und einem Äußeren, nicht zu ihm Gehörigen. In der Entwicklungspsychologie wird dieser Entwicklungsschritt durch das Erlangen der Fähigkeiten von Introspektion (Selbstbeobachtung eng verknüpft mit Empathie) und Extrospektion (Wahrnehmen von Gedan-

39 Ebd. Hier beschreibt Rohen weiter, wie das Seelisch-Geistige im Prozess des Umwandelns der Vererbungskräfte, durch die pulsierenden Rhythmen – geleitet von Ein- und Ausatmung – in diesem Alter das Herz individualisiert.

40 Steiner 1991, GA 206.

41 Steiner 1978, GA 303, S. 108ff und S. 157ff.

42 Steiner 1998, GA 297, S. 50.

ken und Gefühlen anderer) als Voraussetzung für soziales Lernen und differenzierte Beziehungsfähigkeit beschrieben.[43] „Das Kind benötigt viele Jahre der Entwicklung und sozialer Erfahrungen, um diese Fähigkeit der sogenannten Intro- und Extrospektion“ endgültig auszubilden.[44]

Das Wiederauftauchen des Ich-Bewusstseins auf einer neuen seelischen Ebene als verinnerlichtes Gefühl führt dazu, dass das Kind sich nun als eigenständige Persönlichkeit wahrnimmt, die sich in ihrer Umgebung behaupten will, sich von ihr abgrenzen muss. Sich und das eigene Handeln zu reflektieren ist im eigentlichen Sinne erst jetzt möglich. Selbstbewusstsein und Selbstwahrnehmung können in der Interaktion mit anderen erworben und stetig vertieft werden.[45]

Die Fähigkeit des Kindes, die Perspektive anderer einzunehmen, ist zwar als Potenzial angelegt, aber nur wenn wir als Erwachsene mit ihm – über Jahre hinweg – in ständigem Austausch und durch ein gelebtes Vorbild in Verbindung sind, kann sich dieses Potenzial entfalten. Neuronale Netzwerke für die Prägung unseres eigenen Selbst, erweisen sich in diesem Lernprozess als teilweise gekoppelt beziehungsweise identisch mit solchen für die Prägung von Bildern und Vorstellungen, die wir uns von anderen Menschen machen.[46] Das bedeutet, dass sie gleichsam die physische Grundlage der Bildung und weitreichenden Auswirkungen von Beziehungsfähigkeit sind, denn diese Netzwerke des Stirnhirns sind wiederum mit weiteren Schaltstellen des Gehirns zum Immunsystem, dem Kreislauf und Vegetativum verbunden.[47] So steckt in unserer Persönlichkeit auch aus dieser Perspektive ein Stück „Du“ und „Wir“.

Die Altersstufe um das neunte Lebensjahr bildet den Dreh- und Angelpunkt der Kindheitsentwicklung und ist ein Punkt ohne Wiederkehr, das eigentliche Ende der Kindheit – in der Waldorfpädagogik[48] als Rubikon bezeichnet. Am Ende des gallischen Krieges überschritt Cäsar den Rubikon-Fluss in Begleitung seines

43 Largo 2019, S. 239.

44 Largo 2010, S. 38.

45 Fuchs/Laudenbach 2021, S. 177.

46 Bauer 2019, S. 80.

47 Ebd., S. 81.

48 Benannt nach der ersten 1919 gegründeten Schule in der Waldorf-Astoria-Zigarettenfabrik in Stuttgart https://anthrowiki.at/Waldorfschule, letzter Zugriff am 21.2.2021.

Heeres in Richtung Rom, was ihm laut Weissagung verboten war. Cäsar fällte jedoch seine eigene Entscheidung, was die bekannte Erschütterung des Machtgefüges des Römischen Reiches einleitete.

C.G. Jung beschreibt in seiner Autobiographie[49] differenziert und feinsinnig sein inneres Erleben im Übergang von der Kindheit zu diesem Empfinden der eigenen Selbstständigkeit.

Nachdem er sich bereits zwischen dem siebten und neunten Lebensjahr immer wieder von Ahnungen einer unabweisbaren „Schattenwelt mit beängstigenden unbeantwortbaren Fragen“ überwältigt fühlte, erlebte er mit seinem zehnten Lebensjahr eine tiefgehende „Entzweiung und Unsicherheit mit der Großen Welt“, die ihn dazu veranlasste, ein kleines selbst geschnitztes Männchen in einer kleinen Kiste an einem sicheren, geheimen Ort zu verstecken, wohin er noch einen bemalten Rheinkiesel legte, der deutlich „in einen oberen und unteren Teil getrennt war“.

Zu diesem Ort nahm er in schwierigen Situationen Zuflucht. „Ich fühlte mich dann sicher, und das quälende Gefühl der Entzweiung mit mir selber war behoben [...] Diese Episode mit dem geschnitzten Männlein bildete Höhepunkt und Abschluss meiner Kindheit. Sie dauerte etwa ein Jahr.“[50]

Dann – mit elf Jahren – „gab es auf einmal einen Augenblick, in dem ich plötzlich das überwältigende Gefühl hatte, soeben aus einem Nebel herausgetreten zu sein, mit dem Bewusstsein, jetzt bin *ich*. In meinem Rücken war's wie eine Nebelwand, hinter der ich noch nicht war. Aber in jenem Augenblick geschah *ich mir*. [...] Vorher hat es mit mir getan. Jetzt aber wollte *ich*. Dieses Erlebnis schien mir ungeheuer bedeutsam [...] Es war Autorität in mir.“[51]

Die hier beschriebene Entwicklungsphase wird oft von starken Ängsten begleitet; vor dem Leben überhaupt sowie davor, einsam zu sein oder Verlierer zu sein. Fremdheitsgefühle treten auf, Zweifel an der Familienidentität und oft auch tiefgreifende Gedanken zum Tod. Das seelische Spannungsfeld, das sich dabei auftut, kann

49 C.G. Jung 1961/2013.

50 Ebd., S. 35 u. 37.

51 Ebd. S. 47.

übermächtig werden, das Einsamkeitsempfinden so abgrundtief, dass junge Menschen ihren emotionalen Impulsen und dranghaften Antrieben wie ausgeliefert sind. Sie können dabei in klischeehafte Verhaltensweisen fallen, aus denen heraus sie wie zwanghaft agieren. Das Kind erlebt jetzt unbewusst: „Ich bin allein, für mich, von allen anderen getrennt" – aber auch: „Ich bin einmalig". Es sind diese dominanten Grundgefühle, die im Vordergrund der Selbstwahrnehmung stehen. Das wirkt oft wie ein Schockerlebnis, löst Kräfte aus, „die nach allen möglichen Richtungen hintendieren"[52] und beispielsweise in aggressiver Machtentfaltung ausagiert werden können.

Gleichzeitig zeigt sich in der Schule oder in Jugendgruppen im Umgang miteinander ein starkes Bedürfnis nach Selbstwirksamkeit und es kommen – meist unausgesprochen – Fragen auf: „Wie denken die anderen, warum handeln sie so, was bewegt sie gefühlsmäßig?". Dies kann man an den Cliquenbildungen und überhaupt in der zunehmenden Bedeutung von Freundschaften beobachten.

Die frühere kindliche, bedingungslose Bindung an die Eltern und andere erwachsene Bezugspersonen erhält einen tiefen Riss. Ab jetzt wird Ablösung ein elementarer Bestandteil des Bindungsverhaltens und äußert sich in dem Bedürfnis, Geborgenheit, Zuwendung und Bestätigung zunehmend bei Gleichaltrigen zu finden. Die emotionale Nähe zu Erwachsenen nimmt ab, Kinder und Jugendliche orientieren sich vermehrt unter sich selbst.[53] Das Kind spürt: „Ich kann nicht mehr zurück". Das Selbstwertgefühl und die Selbstwahrnehmung erfahren dadurch eine grundlegende Neuorientierung.

Soziale Anerkennung und eine entsprechende Stellung in der Gruppe werden sehr wichtig, damit einhergehen kann, dass unter Gleichaltrigen Gruppenzwänge aufkommen und sich stereotype Rollen bilden, welche ein Mobbinggeschehen begünstigen können. Ebenso können Gleichaltrige aber auch eine entlastende Rolle füreinander einnehmen. Denn – bezogen auf ihr Bindungsbe-

52 Steiner 1979, GA 304, S. 79.

53 Largo/Czernin, 2011 S. 89ff.

dürfnis – leiden Kinder und Jugendliche weniger, wenn sie auf die Hilfe von Gleichaltrigen zählen können.

All diese Phänomene zeigen, dass der seelische Innenraum durch diese neuen Qualitäten als Beziehungsraum jetzt erst zugänglich wird. „Die Seele ist wesenhaft im Kinde eigentlich erst aufgetaucht. Unendlich zart müssen wir diese Seele nun behandeln, fort und fort, als Lehrer, als Erzieher in einen innigen Kontakt kommen mit demjenigen, was jeden Tag in der Seele des Kindes vor sich geht."[54]

In dieser Phase durchleben Heranwachsende einen Zustand der Entfremdung, in dem ihnen alles, was ursprünglich selbstverständlich und vertraut erschien und mit dem sie sich in Einklang befanden, gleichgültig oder sogar feindlich erscheint. Ein notwendiger Schritt, der einen offenen Differenzierungsprozess einleitet und gerade auch in der Schule einen Möglichkeitsraum neuer gegenseitiger „Anverwandlung" durch Annäherung und Abgrenzung, Sympathie und Antipathie erschließt.

Vertrauen entwickelt sich am Vorbild

Und so kann man als Lehrerin und Lehrer mit Beginn dieses für das ganze weitere Leben bedeutungsvollen Entwicklungseinschnittes eine neue Rolle einnehmen. Gemeint ist die Aufgabe, insbesondere in Bezug auf Beziehungsgestaltung als Vorbild zu wirken. Ein Vorgang, über den Rudolf Steiner schreibt: „Und in diese tiefen seelischen Vorgänge muss hineinfallen die Befestigung des Vertrauens zwischen Kind und Erziehendem."[55]

Durch das eigene, gelebte Vorbild kann soziales Lernen im Miteinander mit den jungen Menschen angelegt werden, indem man ihnen hilft, einen Zugang zu eigenen Gefühlen, Bedürfnissen und Gedanken zu finden sowie zu denen der Mitschülerinnen und Mitschüler. Durch diese zwischenmenschlichen Erfah-

54 Steiner 1991, GA 305, S. 20ff.

55 Steiner 1973, GA 304a, S. 45.

rungen wird gleichzeitig die Reflexionsfähigkeit des eigenen Handelns angestoßen. Die biographischen Erfahrungen mit Vorbildern sind in dieser Altersstufe entscheidend dafür, dass junge Menschen lernen, ihr Einfühlungsvermögen empathisch einzusetzen und vermehrt auf Bedürfnisse anderer einzugehen. Das bedeutet gleichzeitig, ihnen Antworten geben zu können auf existenzielle Lebensfragen, welche kaum oder nur unvollkommen von ihnen in Worte gefasst werden können und eher erahnt werden müssen. Auf diese Weise können wir Schülerinnen und Schülern weitaus mehr als Kenntnisse und Fähigkeiten zur Verfügung stellen: nämlich den Zugang zu sich selbst als Mensch.

Selbstreflexion

Eine wichtige Rolle spielt in diesem Zusammenhang unsere eigene Reflexionsfähigkeit. So kann man sich beispielsweise jetzt auch einmal selbstkritisch fragen: Macht es mir noch Freude, mit den Schülerinnen und Schülern zusammen zu sein und gemeinsam mit ihnen ihre Fähigkeiten zu entdecken? Kann ich hinter Zornesausbrüchen oder Tränen die unausgesprochenen Bedürfnisse wahrnehmen? Verfüge ich eigentlich selbst über Fähigkeiten, eigene Gefühle auch von Destruktivität und Aggression zu erkennen? Kann ich mit Scham- und Versagensgefühlen umgehen und kann ich sie mir eingestehen? Um junge Menschen zu unterstützen, einen Zugang zu ihren eigenen Gefühlen zu finden – gerade bei aggressiven Schülerinnen und Schülern, die wenig inneren Zugang zu ihren destruktiven Gefühlen haben – ist dies eine hilfreiche Voraussetzung. Ebenso kann es für zaghafte Kinder mit Versagensängsten und wenig Zutrauen zu sich selbst unterstützend sein, wenn man sich selbst zugesteht, Fehler machen zu dürfen und auch an manchen Hürden „heiter" zu scheitern. Es geht darum, den Resonanzraum auch in sich selbst zu vertiefen und zu erweitern.

Wenn junge Menschen in diesem Alter die Chance bekommen, ihre eigene Beziehungsfähigkeit an der Beziehung zu Erwachsenen weiterentwickeln zu können und dabei ein grundlegendes Vertrauen zu sich selbst herauszubilden, erlangen sie in dieser Krisenzeit Lebenssicherheit.[56]

Durch Selbstvertrauen werden Konflikte zu positiven Herausforderungen

Im Vertrauen steckt der Mut, die Zukunft in einer vorwegnehmenden Erwartungshaltung anzunehmen. Genau dazu können Erwachsene mit ihrer Haltung ermuntern. Dazwischen steht der interaktive Austausch untereinander. Vertrauen verstärkt sich selbst und erzeugt das Verantwortungsgefühl, dieses geschenkte Vertrauen auch zu rechtfertigen. Indem ich als Lehrerin oder Lehrer eine vertrauensvolle Haltung vorlebe – „Ich glaube, ihr kriegt das selbst hin, ich traue euch das jetzt alleine zu" – können Schüler*innen daran ihr Selbstbewusstsein stärken. Es ist jedoch ein mühsamer, oft auch riskanter, mit Rückschlägen verbundener Prozess. Denn es kommt natürlich immer wieder vor, dass Vertrauen missbraucht wird. Aber es lohnt sich, das Risiko einzugehen, und wenn es mal schief gegangen ist, gemeinsam über die Situation nachzudenken, wie man Bedingungen schaffen kann, das Vertrauen wieder herzustellen, statt mit Ermahnungen, Strafen und Kontrollen zu reagieren. Ermutigung ist hier das Zauberwort. Der Erziehende spiegelt ohne viele Worte seine Haltung: „Ich lasse mich darauf ein, mich zu öffnen, weil ich dir vertraue, weil ich an dich glaube." Ermutigung stärkt die Kraft zur Lösungssuche und den Willen sich zu verändern. Auf der Basis eines guten Selbstvertrauens können Probleme und Konflikte als positive Herausforderung erlebt werden.

Auch im Erwachsenenalter kennen wir den Wunsch, etwas, das uns nicht gelungen ist, besser machen zu wollen, verletzendes Verhalten wiedergutzumachen. Dieser Vorsatz und das Bemü-

56 Steiner 1988, GA 217.

hen ihn umzusetzen, begleiten uns als Entwicklungsmotiv – oder nennen wir es Gewissen – das ganze Leben lang. Wir berühren dadurch etwas vom Innersten und gleichzeitig Zukünftigsten des Menschen.[57] Es ist ja nicht gleichgültig, welche Handlungen ich in meinem Leben ausführe, sie führen immer zu einer Veränderung meiner selbst sowie der mich umgebenden Welt. Bezogen auf die Ich-Entwicklung werden sie daher Charakter-bildend. Das Gefühl der Reue taucht hier meist zuerst aus dem Innern wie ein Spiegelbild der entsprechenden Tat auf. Verharre ich in diesem Gefühl der Selbstbemitleidung, in dem Wunschbild meiner selbst von einem besseren Menschen oder verfalle ich in Resignation, verspiele ich meine Weiterentwicklung. Erst indem ich mich selbst reflektiere und hierin den in die Zukunft gerichteten Antrieb finde, in einem ähnlichen Kontext mich – Konsequenzen aus meiner Selbsterkenntnis ziehend – anders zu verhalten, gestalte ich aktiv die Entwicklung meiner Individualität und wirke zugleich gemeinschaftsbildend.

Verantwortung: Kreatives Handeln als autonome Kompetenz

Kindern und Jugendlichen bereits in der Schule Zeiten und Möglichkeiten zu bieten, diese Fähigkeit zu entdecken und in der Bewältigung von eigenen Problemen und zwischenmenschlichen Konflikten zu üben, trägt entscheidend zum sozialen Lernen bei.

Diese pädagogische Haltung intendiert größte Achtung und den Respekt vor der menschlichen Freiheit, auf „dass der Mensch die Impulse, die ihn leiten und treiben im Leben, in sich selber findet."[58] Dies hat nichts mit Beliebigkeit oder Willkür zu tun, sondern schult das Engagement der Heranwachsenden, Verantwortung für das, was sie als richtig erkennen, zu übernehmen beziehungsweise Einsichten in eine Veränderung des eigenen Handelns auch umzusetzen.

57 Steiner 1980, GA 293.

58 Steiner 1981, GA 83, S. 18.

59 Rosa/Endres 2016, S. 22.

Wichtig ist es, an dieser Stelle einmal darüber nachzudenken, was Verantwortung zu übernehmen im Kern ausmacht, denn häufig wird Verantwortung zu leben mit Zuverlässigkeit verwechselt.

Essenziell für ein selbstständiges Handeln aus Verantwortung sind aber in erster Linie Problemlösungskompetenzen und Kreativität. Damit einher geht die Bindung an das Problem, eben: sich für etwas verantwortlich zu fühlen, bis es gelöst ist. Fühlt man sich in dieser Weise für eine Sache verantwortlich, sind immer auch starke Gefühle beteiligt, die die Motivation bilden, Lösungswege zu suchen. Und natürlich kann es auf diesem Lernweg vor allem in der beschriebenen kritischen Lebensphase bei Kindern und Jugendlichen dazu kommen, dass destruktive Lösungsstrategien – wie Mobbing – gewählt werden. Hat man als Erwachsener im Sinne all dessen, was schon dargestellt wurde, ein größeres Ziel vor Augen, Hartmut Rosa nennt es die Entwicklung von „Resonanzsensibilität"[59], wird man ermutigen und unterstützen, bis die Schüler*innen selbst eine kreative und gute Lösung gefunden haben. Diese erfüllt sie dann mit Stolz, macht sie mutig, auf diesem Weg der Selbstermächtigung weiter zu wachsen.

60 Es sei ergänzend angemerkt, dass es nicht darum geht, dass es auch nötig sein kann in bestimmten Situationen eine klare Regel vorzugeben oder ein sogenanntes „Machtwort" zu sprechen. Es geht vielmehr um eine grundsätzliche Einstellung, die den Erziehenden leiten kann, nicht aus einem eigenen Ohnmachts- bzw. Wutgefühl heraus oder aus Hilflosigkeit ggfs. solche Maßnahmen zu ergreifen, sondern weil man in der Situation erkennt, das intuitive Empfinden hat, dass gerade dies jetzt weiterhilft.

Es wird nun vielleicht verständlicher, dass sich ein wertschätzendes, tolerantes, auf gegenseitiger Achtung beruhendes Verhalten Heranwachsenden in diesem Alter nicht vermitteln lässt, indem man mit Verboten, Beurteilungen, Maßregelungen oder Vorhaltungen intellektuell den Verstand anspricht, denn das hieße lediglich, ihnen das eigene Wertesystem überzustülpen. Es geht vielmehr darum, besonders in konflikthaften Situationen durch die Arbeit an einer eigenen konstruktiven und wertschätzenden inneren Haltung sowie geeigneten Begegnungsmöglichkeiten und Strukturen die Schülerinnen und Schüler im Auf und Ab der sympathischen und antipathischen Gefühle unterstützende, respektvolle Verhaltensweisen entwickeln zu lassen.

Als Erwachsener gebe ich durch meine hohe innere Präsenz und eine geeignete Gestaltungsform den Rahmen, dass sich der Frei-Raum für diese Ich-Du-Erfahrungen bilden kann.

Das gibt den Schülerinnen und Schülern Sicherheit und den nötigen Rückhalt, den sie in diesem Alter noch brauchen, auch wenn sie sehr wohl um ihre Stärken und Schwächen und die der anderen wissen.

Sie können dadurch lernen, die Vielfalt untereinander anzuerkennen und als Werte für eine Gemeinschaft zu schätzen. Dadurch erleben sie aber auch, dass jede und jeder wichtig ist, weil wir gerade aufgrund unserer Unterschiedlichkeit einander brauchen.[60] Für die Herausbildung der Autonomie im weiteren Lebensverlauf ist es notwendig, dass in diesem Alter das Gefühl, einmalig zu sein, erwacht, um das innere Erlebnis der Unverwechselbarkeit entstehen zu lassen – auch wenn dies manchmal ins Negative umschlägt. Erziehende sollten daher darauf achten, dass es sich im Selbsterleben und sozialen Miteinander entwickeln kann.[61]

61 Steiner 1995, GA 168, S. 43. Hier beschreibt Steiner als nachtodliche und zugleich auf die Zukunft gerichtete Erfahrung der Seele die Empfindung, dass alle kosmischen Bestrebungen sich auf jede einzelne menschliche Individualität Sinn gebend ausrichten und ihr einen Platz in der Welt „zuteilen". „Das ist dein Platz in der Welt, der Platz, der aus allen den Weiten heraus ist, und der dein ist. – Und man bekommt die Empfindung, gerade aus dieser Leere, dass man einen Sinn hat für die ganze Welt, dass jedes einzelne Menschendasein – man bekommt es zunächst natürlich als Erklärung für sich selber – da sein muss. Dieser Platz würde immer leer sein, wenn ich nicht da wäre – so sagt sich jede Seele." Diese Empfindung von großer Strahlkraft bildet die Substanz des Selbstbewusstseins, des Ich-Bewusstseins zwischen dem Tod und einer neuen Geburt.

Was sind die Aspekte, die das Gelingen fördern?

- Ich traue meinen Schülerinnen und Schülern grundsätzlich zu, mit schwierigen Situationen gut umzugehen und Lösungen zu finden.
- Ich setze auf innere Beweglichkeit, vertraue dem Prozess. Es werden Impulse entstehen und verborgene Eigenschaften – Fähigkeiten – sowie auch Hindernisse zutage treten, die für diese Schülerinnen und Schüler, für diese Gemeinschaft sinnvoll, nützlich und hilfreich sind – auch wenn sich mir der Sinn momentan vielleicht noch nicht erschließt.
- Ich weite meinen Blick, anstatt ihn zielorientiert zu verengen.
- Ich begebe mich in eine offene, interessierte Haltung und bin gespannt, was sich zeigen will.

Resonanzräume schaffen – Vorurteilen den Boden entziehen

Eine erste Voraussetzung bildet das Erleben und Erlernen des wechselseitigen Zuhörens. „Wirkliches Zuhören ist die grundlegendste und stärkste Verbindung zu einer anderen Person.“[62] Hören – Hinhören – Zuhören erschließen einen Bereich, in dem Kritikfähigkeit, differenzierte Wahrnehmung und wechselseitiges Erkennen im Kommunikationsprozess geschult werden. Wesentlich hierfür ist, sich Zeit zu nehmen und eine Atmosphäre zu gestalten, sodass der/die Zuhörende sich öffnen kann. Um eine Präsenz des Hörens in der Gegenwart zu erleben, bedarf es der Stille sowie der sorgsamen Vor- und Nachbereitung. Denn häufig besteht das erste ganz allgemeine Erlebnis beim einfachen Hinhören darin, dass Sympathie oder Antipathie auftauchen und unsere Meinung auf den Plan rufen. Übe ich mich nun darin, gerade diese Distanz nicht aufkommen zu lassen, meine subjektiven Gefühle zurückzunehmen, kann ein Hinhören und wirkliches Zuhören gelingen. Ich bringe dabei mein eigenes Inneres ganz zum Schweigen – falle dem anderen nicht ins Wort – bilde nicht währenddessen bereits Gedanken für eine Erwiderung. Das Zuhören in dieser Uneingeschränktheit gestaltet eine neue zwischenmenschliche Verbindung und bildet Vertrauen auch im Sinne anfangs geschilderter Resonanzerfahrungen. Ein Erleben dieser Kraft des Vertrauens ist mittels einer kleinen Selbsterfahrungsübung – sich gegenseitig „blind“ führen – leicht zu vermitteln. So lernen wir durch „die Worte hindurch in des anderen Seele zu hören.“[63] „Nützlich ist es für jeden in solcher Art Kindern zuzuhören. Auch der Weiseste kann unermesslich viel von Kindern lernen.“[64] Dies korreliert eng mit jedem künstlerischen Unterricht – ganz grundsätzlich, im Besonderen aber mit dem musikalischen Erleben. So heißt es doch im Volksmund: „Der Ton macht die Musik“, womit auf die unbewusst mitschwingenden Gefühle, das unausgesprochen Gemeinte einer Aussage hingewiesen wird.[65]

62 LeClaire/Brass 2018, S. 15.

63 Steiner 1992, GA 10, S. 51.

64 Ebd.

65 Die Musikpädagogin Reinhild Brass hat in ihren Büchern viele wunderbare musikalische Hörübungen veröffentlicht, die mit Kindern wie Erwachsenen durchgeführt werden können.

Es geht also um das Wie, den Ton, die Stimmung oder Atmosphäre in der Interaktion. Dieses Wie steht jedoch unter vielen Einflüssen, wie zum Beispiel der eigenen Lebensgeschichte, der bisherigen Lebenserfahrungen, der persönlichen Fähigkeiten, Verhaltensweisen und Wirkungen aus der Umgebung.

Wann sich ein Mensch frei und unbeschwert fühlt, was ihn beruhigt, woher er Energie bekommt, wo seine Grenzen sind, wie er mit inneren Problemen oder äußeren Konflikten umgeht, ob er eher sachlich oder sehr emotional auf etwas oder jemanden reagiert, dies alles ist individuell und von Mensch zu Mensch verschieden.

Diese Verschiedenheiten spielen in der Kommunikation eine große Rolle, weil wir Menschen dazu neigen, unsere Vorstellungen über Mitmenschen oder Sachverhalte für die Wahrheit zu halten und daher auch oft an ihnen festhalten.

Dieses Festhalten nennen wir Vorurteil, wir bleiben im wahrsten Sinne des Wortes auf unseren Urteilen sitzen. Hilfreich für eine gelingende Kommunikation ist jedoch folgende Einstellung: Nicht in unserem subjektiven Erleben zu verharren, sondern bereit zu sein, sich zu öffnen und andere Ideen, Aspekte, Gesichtspunkte zuzulassen und gemeinsam weiterzuentwickeln. Dabei auch bereit zu sein, sich selbst infrage zu stellen und zu Gunsten des anderen etwas aufzugeben.

Die Entdeckung und Erforschung dieser Ebenen des Zwischenmenschlichen erschließen die Fähigkeit authentischen Interesses und bilden mithin die Grundlage für gegenseitiges Verstehen. Das kann aber nur dadurch gelingen, dass man innerlich empfänglich wird für die Vielfalt seelischer Erlebnisse, die wir als Menschen in all unserer Unterschiedlichkeit haben können. Auf diese Weise können wir Kinder und Jugendliche mittels einer Pädagogik, die auf jegliche Gewalt verzichtet, begleiten und sie selbst aktiv daran mitarbeiten lassen, diese seelischen Qualitäten zu entwickeln. Hierin scheint mir eine tiefe Bedeutung folgender Aussage Steiners zu liegen: „Zwischen dem neunten und zehnten Jahre beginnt man, darauf angewiesen zu sein, sein Ich durch den Glauben an einen älteren Menschen befestigen zu können."[66]

Werden Gefühle von Kindern und Jugendlichen missachtet, ihre Gedanken entwertet, ihre Anliegen und Wünsche ignoriert – insbesondere die tiefer liegenden, unausgesprochenen – stellt dies eine Form von Gewalt dar. Sich von der Lehrerin, dem Lehrer wahrgenommen und akzeptiert zu fühlen, ist eine wichtige Voraussetzung für eine vertrauensvolle Beziehung. Schülerinnen und Schüler, die sich nicht angenommen fühlen, erleben jede Form von Kritik – auch berechtigte – als Ablehnung. Denn Kritik wird ohne Wertschätzung immer als Angriff auf die Person erlebt.

Für Heranwachsende besteht in einer solchen Vorgehensweise die Chance, eigene moralische Werte auszubilden, die – verinnerlicht – später im Leben tragfähig sind. Ausschließlich vorgeschriebene oder lediglich auf der Verstandesebene antrainierte Verhaltensweisen bezüglich eines Fehl- und Wohlverhaltens führen dazu, dass sie nur als feststehende Begriffe erinnert werden und dadurch wenig Kraft entfalten, an der eigenen Lebenseinstellung als Erwachsener nun selbst weiterzuarbeiten.[67] Das bedeutet aber, dass „Lehrer und Erzieher nur die Umgebung des sich selbst erziehenden Menschen [sind]."[68] Und dann stellt sich die Aufgabe ganz von selbst, wie es gelingen kann, die eigenen persönlichen Intentionen zurückzunehmen, „damit wir dem Kind sein Schicksal nicht verderben, sondern es heranziehen zu einem freien Menschen im Leben."[69]

Es wird durch die vorhergehenden Ausführungen vielleicht deutlich, dass eine authentisch gelebte, wertschätzende und positiv verstärkende Ausstrahlung des Erwachsenen in der Intervention bei Mobbing nicht nur grundsätzlich entscheidend für das Gelingen und die Haltungsänderung bei Mobbingakteurinnen und -akteuren ist, sondern unmittelbar wohltuend auf die Seelenkräfte aller Kinder wirkt und dazu beiträgt, eine nachhaltige „Selbstheilung" herbeizuführen.

66 Steiner 1988, GA 217, S. 154.

67 Steiner 1991, GA 305, S. 68ff.

68 Steiner 1982, GA 306, S. 131.

69 Steiner 1978, GA 303, S. 123.

Ungefähr im zwölften Lebensjahr, beginnend mit einem Wachstumsschub, entwickeln Jugendliche neue Fähigkeiten der Abstraktion. Dadurch wird eine nächste Ebene der Entwicklung des Kindes zum Jugendlichen erreicht.

Die Außen- und Selbstwahrnehmung sowie das Selbstwertgefühl spielen zunehmend eine wichtigere Rolle und eine neue Form von Reflexions- und Abstraktionsfähigkeit erwacht. Die Abgrenzungsfähigkeit verstärkt seelisch das Auf-sich-selbst-gestellt-Sein, welches sich von direkten Zusammenhängen und vom inneren selbstverständlichen Mitleben immer weiter löst, also eigenständig wird. Mit dem Ende der Pubertät mündet diese Entwicklungsphase in eine autonome Beziehungsfähigkeit, die nun eigenständig weiter ausgebaut werden kann.

Aus der Ich-Perspektive zeigt sich, dass eine in Freiheit sich behutsam bildende Verbindung von Selbstbewusstsein und Können dem Jugendlichen auch zugleich das Erleben der Sinnhaftigkeit des eigenen Lebens ermöglicht.

Eine vertrauensbasierte Pädagogik kann Vertrauen entstehen lassen, in sich selbst und gleichzeitig als Kraft in die Welt wirkend, um die Gegensätze zu überwinden. Die Zuversicht, im Leben zu bestehen, die junge Menschen im späteren Leben begleiten soll, können wir als Lehrerinnen und Lehrer in dieser Zeit als Lebenskraft veranlagen.

Indem wir Schülerinnen und Schülern dazu verhelfen, sie als Zukunftsfähigkeit auszubilden, nehmen wir sie ein Stück weit mit auf dem Weg zu sich selbst.

Gelebte Gegenseitigkeit

Daraus folgt aber auch: Kern der Schule ist nicht nur die einzelne Lehrerin, der einzelne Lehrer, sondern das ganze Kollegium. Oft arbeiten – gerade an Waldorfschulen – Lehrer*innen als „Autopiloten". Es findet kaum ein Austausch über das eigentliche Kerngeschäft, nämlich den Unterricht, statt. Was hinter der geschlossenen Klassenzimmertüre vorgeht, wird oft wie ein Geheimnis gehütet. Das erschwert die gemeinsame Entwicklung pädagogischer Ziele und den offenen und ehrlichen beruflichen Austausch. Die Ergebnisse einer von Joachim Bauer geleiteten wissenschaftlichen Untersuchung[70] zeigten, dass die Schwierigkeiten, die Lehrkräfte oft in der Beziehungsgestaltung haben, erklären, warum sie in besonderem Maße von stressbedingten Gesundheitsstörungen betroffen sind.

Ein teamorientiertes Kollegium unterstützt sich wechselseitig in der Arbeit mit den Schülerinnen und Schülern, pflegt engen Austausch mit der Elternschaft und erkennt den Nutzen konstruktiver Kritik und auf gegenseitiger Anerkennung beruhender Kommunikation. Spannungen – oft angefacht durch Konkurrenz, festgefahrene Streitmuster, Vorwürfe und Kritik – können so in ein glaubwürdiges und zugewandtes Miteinander umgewandelt und zur Chance für die Zusammenarbeit im beruflichen Alltag werden.

Um ihre anspruchsvolle Aufgabe wahrnehmen und im Klassenzimmer eine „natürlicher Autorität" entwickeln zu können, brauchen Lehrer*innen diese Unterstützung, die sie sich gegenseitig geben und von Eltern und der Gesellschaft als Ganzes erhalten sollten.

Diese Haltung könnte zu einem Paradigmenwechsel in der Kommunikation führen. Es wäre für unsere Kommunikation unter Umständen hilfreicher, wenn wir nicht selbstverständlich von einer gleichen Wellenlänge ausgehen würden, sondern die vorhandene, wechselseitige Ungleichheit sehen, akzeptieren und als positive Bereicherung in der gegenseitigen Entwicklungsmöglichkeit – oder schlicht als Ressource beziehungsweise Erweiterung des Systems – erleben würden.

Voraussetzung dafür wäre aber, die grundsätzliche Akzeptanz der unterschiedlichen Lebensentwürfe. Das geht weder von selbst noch nebenbei. Schon in der Ausbildung sollten zukünftige Päd-

70 Bauer 2019, S. 122.

agoginnen und Pädagogen diese Kernkompetenzen erlernen und auch in den Schulen müssen Zeiten und Gelegenheiten vorhanden sein, sie stetig weiterzuentwickeln und zu pflegen, sodass sie zur Gewohnheit werden und den Umgang miteinander prägen.

Denn „Schule ist ein Beziehungsnetz. [...] Je besser die Beziehungen zwischen Schülern und Lehrern, unter den Lehrern und unter den Schülern sowie zwischen der Schule und den Eltern sind, desto größer ist der Schulerfolg [...]“[71]

Dann ist es nicht mehr nur der Eine und der Andere und der Dritte, sondern durch die Zusammenarbeit kann etwas ganz Neues entstehen, was die Gemeinschaft fördert und unterstützt. So wirkt Pädagogik durch Zusammenleben und – um den Bogen wieder zum Beginn dieser Ausführungen zu spannen – der Einzelne kommt in dem Maße zu sich selbst als er den Anderen miteinbezieht. Dadurch entsteht Gemeinschaft nicht *gegen* den Einzelnen als Individuum, sondern prozesshaft und immer wieder originär *durch* jeden einzelnen Menschen.[72]

„Es kommt vor, dass ein Gedanke, der bisweilen innerlich schon formuliert wurde, bisweilen auch nicht, die Seele insgeheim bedrängt und dass sein Einfluss auf sie dennoch schwach bleibt. Hört man diesen Gedanken nun außerhalb seiner selbst von einem anderen formuliert, und zwar von jemand, dessen Worten man seine Aufmerksamkeit schenkt, so wird die Kraft des Gedankens hierdurch verhundertfacht, und es kann geschehen, dass er eine innere Umwandlung bewirkt.“[73]

71 Vuille/Largo, 2010, S. 132.

72 Dietz 2003.

73 Weil/Hartkemeyer 2018, S. 125.

Mobbing – eine Begriffsbestimmung

Der Begriff *Mobbing* wird vom englischen *mob*, die Meute, die Bande hergeleitet. Die erste Verwendung geht auf Konrad Lorenz zurück, der den Begriff 1958 nutzte, um den Angriff einer Gruppe von Tieren auf einen Eindringling zu charakterisieren.[74] In seinen Studien über das Gruppenverhalten von Schülerinnen und Schülern auf dem Schulhof übertrug der in Schweden arbeitende Arzt und Radiomoderator Peter-Paul Heinemann den Ausdruck Mobbing auf das menschliche Sozialverhalten. Die Diskussion darüber löste er 1969 durch einen Zeitungsartikel über Apartheitsphänomene und Mobbingverhalten aus, in dem er Bezug auf den Begriff Mobbing nahm, wie er von Konrad Lorenz in seinem Buch *Das sogenannte Böse* verwendet wird.[75] Der Arzt, Psychotherapeut und Paläoanthropologe Rudolf Bilz verwendete bereits 1971 den Begriff Mobbing in seinem evolutionspsychologischen Erklärungsansatz. Auch er suchte nach Übereinstimmungen und Divergenzen zwischen dem Verhalten von Menschen und Tieren. Bei Mobbing sah er Parallelen, da sowohl Tier- als auch Menschengruppen Normabweichler attackieren und eliminieren.[76]

Aber erst der Psychologe Heinz Leymann legte mit seinem Buch *Mobbing: Psychoterror am Arbeitsplatz*[77] den Grundstock für die Mobbingforschung im deutschsprachigen Raum. Zeitgleich, in den 1980er Jahren, begann auch der schwedisch-norwegische Professor für Persönlichkeitspsychologie Dan Ake Olweus mit der wissenschaftlichen Aufarbeitung von Mobbing und anderen Gewaltproblematiken an Schulen und entwickelte erste Methoden der Prävention. Er unterschied dabei zwischen *mittelbarer Gewalt* (Mobbing) in Form von fortdauernder und absichtlicher Herabwürdigung und *unmittelbarer Gewalt.*

74 Lorenz 1988.

75 Heinemann, Peter-Paul: Mobbing – Gruppvåld bland barn och vuxna. Natur och kultur, Stockholm 1972.

76 Bilz 1971.

77 Leymann 1993.

Anlass für ihn war, dass drei norwegische Schülerinnen und Schüler nach anhaltenden Schikanen durch Gleichaltrige Selbstmord begangen hatten.

Bei seinen Untersuchungen stellte Olweus fest, dass nahezu in jeder Schulklasse Mobbing vorkam – unabhängig vom Standort (Stadt oder Land) und unabhängig von der Schulform (Grundschule, Hauptschule, Gesamtschule, Gymnasium).[78]

Für *mittelbare Gewalt* verwendete er den im englischsprachigen Raum eher gängigen Begriff *Bullying* – Schikanieren, Drangsalieren, Tyrannisieren –, der die typischen Mobbinghandlungen sehr charakteristisch beschreibt.

Cybermobbing

Weiterführend werden seit etwas mehr als zehn Jahren die Auswirkungen von Cybermobbing sowie Gemeinsamkeiten mit direktem Mobbing an Schulen erforscht. Unter Cybermobbing (synonym zu Cyberbullying) versteht man das absichtliche Beleidigen, Bedrohen, Bloßstellen oder Belästigen anderer mithilfe von Internet- und Mobiltelefondiensten. Es findet im Internet, über soziale Netzwerke, Video-Portale und über Smartphones via Instant-Messaging-Anwendungen wie WhatsApp, Instagram, Snapchat, TikTok sowie lästige Anrufe statt.

Einen guten Überblick geben die beiden Veröffentlichungen der Entwicklungspsychologin Françoise D. Alsaker sowie ihrer Kolleg*innen Sonja Perren und Fabio Sticca *Cybermobbing in der modernen Gesellschaft*[79] und Una M. Röhr-Sendlmeier, *Zum Umgang mit realer und virtueller Gewalt in der Schule*[80]. Es muss jedoch dazu gesagt werden, dass bezüglich der Definition von Cybermobbing Uneinigkeit herrscht, besonders hinsichtlich der Frage, ob es in Zusammenhang mit direktem Mobbing von Angesicht zu Angesicht oder als eigenständiges digitales Phänomen zu deuten ist. Auch der Gesichtspunkt, ob es überhaupt unter das

78 Olweus 1999.

79 Alsaker/Perren/Sticca 2013, Familiendynamik.

80 Käser/Röhr-Sendlmeier 2018, Bildung und Erziehung.

Phänomen Mobbing subsummiert werden kann, ist nicht übereinstimmend geklärt.

Eine Befragung Jugendlicher, ob im Bekanntenkreis schon einmal jemand per Smartphone oder online gemobbt wurde, zeigte, dass die Häufigkeit mit 40 Prozent bei 16- bis 17-Jährigen am höchsten war.[81] Hier liegt eine gewisse Gegenläufigkeit zum direkten Mobbing vor, wo sich beobachten lässt, dass meist ab der dritten Klasse beziehungsweise spätestens ab der Altersstufe von neun Jahren, häufig Mobbingsituationen entstehen können, in der Spanne bis zur Altersstufe von 14 Jahren ein Schwerpunkt liegt und ab der achten Klasse wieder zurückgeht.

Überwiegend wird Cybermobbing jedoch mittlerweile nicht mehr als Problem einer medialen Parallelwelt angesehen. Es bestehen fast immer enge Bezüge zu lebensweltlichen Erfahrungszusammenhängen wie Schule, Sportgruppe und anderen Alltagssituationen.[82] Teils wird Mobbing online weitergeführt, teils beginnt Mobbing online und setzt sich dann im Schulalltag fort.

In der pädagogischen Arbeit in der Schule besteht daher die Notwendigkeit und die große Chance, Mobbing und Cybermobbing gemeinsam gut aufzulösen.

81 JIM-Studie 2017, www.mpfs.de (letzter Zugriff 10.1.2021).

82 Siehe Anmerkung 79 und 80.

Wie äußert sich Mobbing?

„Dämonen kommen ungeladen, wenn das Haus leer steht. Anderen Gästen musst du schön die Tür öffnen."

Dag Hammarskjöld

Mobbing entsteht durch die meist entwicklungsbedingte Motivation, Macht und Dominanz in einer Gruppe zu gewinnen und damit die eigene soziale Position beziehungsweise den Status in der Klasse aufzuwerten. Es werden über einen längeren Zeitraum hinweg systematisch attackierende Handlungen gegen eine Mitschülerin oder einen Mitschüler ausgeübt. Im Extremfall besteht das Ziel, Betroffene aus der Schule zu vertreiben. Die äußere Erscheinung und/oder das Verhalten einer Mitschülerin, eines Mitschülers wird als Ausdruck einer merkwürdigen, absonderlichen Persönlichkeit oder Eigenart interpretiert und abgewertet. Zugleich wird der betreffenden Person die Verantwortung für diesen Vorgang zugeschrieben. Das bedeutet, dass Gründe willkürlich gesetzt oder konstruiert werden. Dieser Vorgang dient als Rechtfertigung für Mobbinghandlungen.

Schülerinnen und Schüler, die durch gezieltes Untergraben ihres Selbstwertgefühles gemobbt werden, verlieren das Vertrauen in ihre eigenen Fähigkeiten.

Isolierung und Einsamkeit können dabei bedrohliche Züge annehmen. Die Folgen sind in der Frühphase zunächst häufig psychosomatische Symptome wie Schlafstörungen, Kopfschmerzen, Magenschmerzen und Erschöpfungszustände – oft begleitet von der Angst, in die Schule zu gehen. Leistungsabfall sowie Rückzug aus Freundschaften bis hin zum Abbruch aller sozialen Beziehungen können weitere Folgen sein. Bei länger andauerndem Mobbinggeschehen treten schwere Belastungsstörungen wie Depressionen oder autoaggressives Verhalten (Selbstverletzung) auf, deren Folgen unter Umständen ein Leben lang anhalten können. Im schlimmsten Fall wird Suizid als einziger Ausweg erlebt. Aus der Traumaforschung wissen wir heute, dass sogenannte Beziehungstraumatisierungen – bei Kindern und Jugendlichen auch als Entwicklungstraumastörung bezeichnet – aufgrund von Mobbing eintreten können. In einer Studie von 2015 wird Mobbing explizit als ein auslösender Faktor von Traumafolgestörungen benannt.[83] Unter diesem Begriff werden alle weiteren eventuell auftretenden Störungen und Belastungen subsummiert, die den unmittelbaren Reaktionen eines traumatischen Ereignisses folgen können. Auch die Entwicklungstraumastörung fällt darunter.[84] Länger andauernde und von Menschen ausgelöste, potenziell traumatisierende Ereignisse führen dabei mit deutlich höherer Wahrscheinlichkeit zu einer Posttraumatischen Belastungsstörung (PTBS).[85] Es gilt zu bedenken und wurde ebenfalls in dieser Studie untersucht, dass auch das Miterleben – zuschauend mitansehen müssen – von Handlungen, die Menschen herabwürdigen, zu einer Traumatisierung führen kann. Bezogen auf den Klassenkontext bei Mobbingvorfällen sollte auch diese Erkenntnis berücksichtigt werden und eine entschlossene, zielführende Intervention bestärken. Olweus beschreibt, dass insbesondere das Gefühl der Hilflosigkeit oft die größte Belastung darstellt.[86]

Der enorme psychische Stress, dem von Mobbing Betroffene meist über einen längeren Zeitraum ausgesetzt sind, kann dazu führen, dass ein Fremdheitsempfinden gegenüber sich selbst eintritt: Der/die Betroffene steht wie neben sich, um dem unerträglichen Schmerz, dem Ausgeliefertsein zu entgehen – von außen meist als zunehmender Rückzug wahrnehmbar. Dieses Entfremdungsgefühl kann selbst gegenüber den Allernächsten auftreten. „Ich fühle mich

83 Loos 2015.

84 Maercker 2017, S. 16ff.

85 Schopper 2019, S. 67.

86 Olweus 2006, S. 22.

wie hinter einer Glaswand, und ihr seid getrennt von mir; ihr habt es nicht erlebt und könnt nicht nachvollziehen, wie es mir geht".[87]

Es kann aber auch das Gegenteil eintreten und die Gefühle und attackierende Verhaltensweisen werden übernommen und wirken verselbstständigt in Form eines hemmungslosen Verhaltens weiter. Das führt dann sehr häufig dazu, dass eine Mobbing-Situation zunächst nicht erkannt wird, weil die/der Betroffene selbst aggressiv und provozierend reagiert.[88] Auch in der Hirnforschung ist inzwischen gut dokumentiert, dass sozialer Schmerz, wie er durch Mobbing verursacht wird, ähnliche und teilweise sogar identische Reaktionen auslöst wie körperlicher Schmerz: Rückzug oder Gegenwehr.[89]

Mobbinghandlungen sind immer ein Angriff auf die Person selbst und verletzen die Würde des Menschen.

Sie stellen eine Diskriminierung dar und werden als solche erlebt. In der Schule ist Mobbing besonders problematisch, da betroffene Schülerinnen und Schüler die Schule nicht ohne Weiteres verlassen können, um sich der Dynamik zu entziehen und sich zu schützen.

Mobbinghandlungen

Mobbinghandlungen finden auf verschiedenen Ebenen statt. Sie verlaufen in den meisten Fällen auf verbaler und nonverbaler Ebene wie etwa durch Beleidigen, Hänseln, Bloßstellen, Grimassieren und durch Verbreitung von Gerüchten. Aber auch Schlagen, Schubsen, Festhalten oder Schädigungen an Gegenständen kommen regelmäßig vor.

Einige Beispiele:

- Es wird hinterrücks schlecht über jemanden geredet.
- Man fügt jemandem regelmäßig Schaden zu (z.B. Heft verschwinden lassen, Fahrrad auseinandernehmen etc.).
- Jemand wird vor andern lächerlich gemacht.

87 Maercker 2017, S. 19.

88 Schopper 2019.

89 Spitzer/Bertram 2013, S. 121ff.

- Ausgrenzendes Verhalten häuft sich (z.B. jemand wird nie zu einer Party eingeladen, darf nicht mitspielen, bei einer Gruppenarbeit nicht mitmachen etc.).
- Es werden falsche Gerüchte über eine Person verbreitet – auch über Internet- und Mobiltelefondienste an einen großen Personenkreis.
- Man lässt jemanden nicht zu Wort kommen.
- Man macht sich über etwas Persönliches lustig (Nase, Frisur, Behinderung, Körperformen etc.).
- Es werden abwertende Andeutungen gemacht.
- Jemand erhält wiederholt beleidigende und verletzende Nachrichten über E-Mail, SMS, Instant-Messenger oder in Chats.
- Bewusster Ausschluss von sozialen Aktivitäten, Gruppen, Chats etc.
- Durch ständige Kritik wird Druck ausgeübt.
- Schuhe oder Kleidungsstücke von Mitschülern werden versteckt oder zerstört.
- Die Schulsachen werden beschädigt oder zerstört (z.B. Seiten zusammenleimen, Seiten herausreißen etc.).
- Jemand wird permanent als dumm hingestellt und verspottet.
- Pseudowahrheiten oder Peinlichkeiten werden in der Klasse verbreitet.

Es gibt keine typischen „Mobbingopfer"

Orte, an denen Mobbing stattfindet, sind insbesondere Pausenhöfe, Toiletten, Flure, der Schulweg oder der virtuelle Raum (Cyberspace). Aber auch im Klassenzimmer, wenn keine Lehrerinnen oder Lehrer anwesend sind, werden Aktionen durchgeführt. Je länger Mobbing andauert, desto eher findet es auch im Unterricht statt und desto unverhohlener und offener wird agiert.

Bedingt durch den Gewöhnungseffekt erhalten dabei die Betroffenen immer weniger Unterstützung. „Der ist ja selbst schuld, so wie er sich anzieht“, „Die war doch schon immer so“, „Bei ihm hab‘ ich immer vorausgesehen, dass so etwas aufkommen wird“.

Persönlichkeitsmerkmale, die für Mobbing prädestinieren, gibt es nicht. In der frühen Mobbingforschung ging man davon aus, dass es bestimmte Merkmale gibt, die die Wahrscheinlichkeit erhöhen, dass Kinder von Mobbing betroffen sind – sogenannte typische „Mobbingopfer“. Aber gibt es tatsächlich Charakteristika, die für Mobbing prädestinieren? Sind von Mobbing Betroffene dick, unsportlich, ängstlich, besonders sensibel oder verhaltensauffällig?

Die inzwischen vorliegenden ausführlichen Evaluationen von Mobbingvorgängen haben bestätigt, dass solche Stereotype nicht (mehr) haltbar sind. Diese Untersuchungen zeigen eindeutig, dass die Rolle der von Mobbing Betroffenen nicht von deren Eigenschaften abhängt. Ihnen wird von Mobbingakteurinnen und -akteuren immer eine Abweichung vom sogenannten Normalen angedichtet und zum Anlass für die aggressiven, herabwürdigenden Handlungsweisen benutzt. Tatsächlich ist ja aber gerade das Normale nur ein gedachter Durchschnittswert, das heißt, jede und jeder weicht von dieser Norm ab. So gibt es jede Menge feinfühlige, übergewichtige Kinder mit Sommersprossen, auffälliger Kleidung und seltsamer Brille oder ängstliche Kinder mit deutlichem Sprechfehler oder sehr guten Schulleistungen, die nie von Mobbing betroffen waren. Eine Erklärung dafür, dass bestimmte Eigenschaften verantwortlich dafür sind, warum jemand gemobbt wird, funktioniert also nur im Nachhinein. Mit anderen Worten: Es ist gar keine Erklärung.

Verschärft wird die Mobbingproblematik dadurch, dass die Vorgänge selbst für engagierte Lehrerinnen und Lehrer nicht leicht zu erkennen sind.

Mobbing entsteht im Verborgenen

Formen sozialer Gewalt wie das Ausgrenzen von Mitschülerinnen und Mitschülern oder virtuelle Gewalt wie Beleidigungen via Instantmessaging sind für Lehrkräfte oft kaum zu bemerken. Selbst für Betroffene erfolgen die Attacken (zunächst) aus dem Verborgenen. Erschwerend kommt hinzu, dass die Orte wie Schulhof oder Toiletten, an denen Mobbing ausgeübt wird, weitgehend unbeobachtet sind, und dass Lehrkräfte oft nur scheinbar unverbundene Sequenzen des Mobbingprozesses wahrnehmen. Vielen Lehrerinnen und Lehrern, auch an Waldorfschulen, fehlen einerseits Schulungen, um Mobbing überhaupt erkennen und von alltäglichen Konflikten oder anderen Gewaltaktivitäten unterscheiden zu können, andererseits geeignete Methoden und Strategien für den Umgang mit Mobbing.

Mobbing – ein Gruppenphänomen

Im Gegensatz zu anderen Gewaltformen, die in ganz unterschiedlichen Kontexten auftreten können, ist Mobbing ein Gruppenphänomen – es entsteht ausschließlich in einer Gemeinschaft und kann sich nur dort manifestieren.

Das Aufeinandertreffen vieler verschiedener Faktoren – eigene Entwicklung, Familie, Gleichaltrige, Schule, Klasse – bildet dabei ein komplexes Zusammenspiel, das es unmöglich macht, alle Ursachen zu identifizieren. Auslösende Momente können in der Interaktion von Mitschüler*innen, der Organisation der Schule, der sozialen Dynamik einer Schulklasse, im Verhalten des Lehrers und in Störungen auf der kommunikativen Ebene liegen. Herrscht eine wenig wertschätzende Kommunikationskultur an der Schule, kann sich leicht ein Nährboden für Mobbing bilden.

Eine Art von Mobbing, die in besonders engem Zusammenhang mit dem Beziehungsklima an einer Schule gesehen wird, ist das sogenannte „Akademische Schikanieren". Dabei geht es um Mobbinghandlungen aufgrund von Fehlern, die Einzelne im Unterricht gemacht haben. Sie sind mit einer erheblichen Angst vor Bloßstellung verbunden und führen dazu, dass keine offene Fehlerkultur gelebt werden kann, wodurch der Gewinn beispielsweise einer selbstständigen Gruppenarbeit unterlaufen wird. Eine Studie der Humboldt-Universität in Berlin[90] kommt zu dem Ergebnis, dass „Akademisches Schikanieren" in engem Zusammenhang mit der Beziehungs- und Unterrichtsqualität steht und ein positives Beziehungsklima zu einer Verringerung dieser Form von Mobbing führt.

Unterschiedliche Rollen im Mobbinggeschehen

Seit geraumer Zeit wird von einigen Autoren eine neue Begrifflichkeit vorgeschlagen, die der Dynamik von Mobbing angemessener ist: Anstelle von „Täter und Opfer" wird von „Mobbingakteur*innen" und von „Mobbingbetroffenen" sowie von einem „Mobbingsystem" gesprochen. Dies ist auch vor dem Hintergrund, dass in der Jugendsprache der Begriff „Opfer" heute abwertend belegt ist, hilfreich für das Verständnis und die Intervention bei Mobbingvorgängen.

Neben der Akteurin, dem Akteur, der oder die bei der Entwicklung eines Mobbingprozesses als erste mit aggressiven Attacken auftritt, und der/dem Betroffenen, gilt es noch weitere Rollen zu berücksichtigen:

Hinzu kommen sogenannte Assistent*innen, Verstärker, Verteidiger und Außenstehende, die miteinzubeziehen sind. Assistenten unterstützen Akteure, indem sie beispielsweise bei physischer Gewalt Betroffene festhalten. Verstärker greifen nicht direkt gewalttätig ein, feuern aber Akteur*innen an und erhöhen so die Intensität und Frequenz der Gewalt im Mobbingprozess. Außenstehende sind solche Schülerinnen und Schüler, die Mobbing-

90 Dietrich 2019, Empirische Sonderpädagogik, S. 241-256.

situationen meiden und sich in entsprechende Aktionen nicht einzumischen versuchen (oft aus Angst selbst betroffen zu werden), wobei diese stillschweigende Akzeptanz auf Akteur*innen eher verstärkend wirkt. Verteidiger stehen der betroffenen Schülerin, dem betroffenen Schüler bei, indem sie Akteurinnen und Akteuren entgegentreten, Betroffene trösten oder im besten Falle Hilfe holen.[91] Bei einem fortgeschrittenen Mobbinggeschehen, bei dem nicht eingegriffen wird, ziehen sich aber auch diese Schülerinnen und Schüler mangels Unterstützung zurück. Für Mobbingakteur*innen bedeutet diese Unterstützung von anderen eine Bestärkung des eigenen Tuns und gibt ihnen Macht. Der fehlende Widerspruch beziehungsweise das Geschehenlassen signalisiert eine vermeintliche Rechtmäßigkeit der Attacken.

Veränderungen der inneren Einstellung gegenüber Mitschülerinnen und Mitschülern

Infolge der Mobbingvorgänge findet sukzessive eine Werteverschiebung statt, die zur neuen Gruppennorm wird. Konnten anfänglich bei Aktionen wie Ärgern, Ausgrenzen, Lächerlich-Machen noch Zweifel mit im Spiel sein, ob das in Ordnung ist, so werden solche Handlungen mit der Zeit zu einer Selbstverständlichkeit, da es ja offensichtlich mit Zustimmung der ganzen Klasse (und der Lehrperson) geschieht. Die Konsequenz ist fatal für die Betroffenen. Sie sind nicht allein damit konfrontiert, einer völligen Willkür und Übermacht ausgeliefert zu sein, sondern bereits vorhandene Selbstzweifel werden manifest: Da sich niemand empört oder sichtbar protestiert wird, muss es ja so sein, „dass mit mir etwas nicht stimmt."

Da auch Assistentinnen und Assistenten vom Mobbingprozess profitieren – denn vom Machtzuwachs bekommen sie ja auch etwas ab –, entsteht allmählich in der Klasse ein falsches soziales Bild von Gemeinschaftsgefühl: Auf unlauterem Weg erwor-

91 Salmivalli 2010.

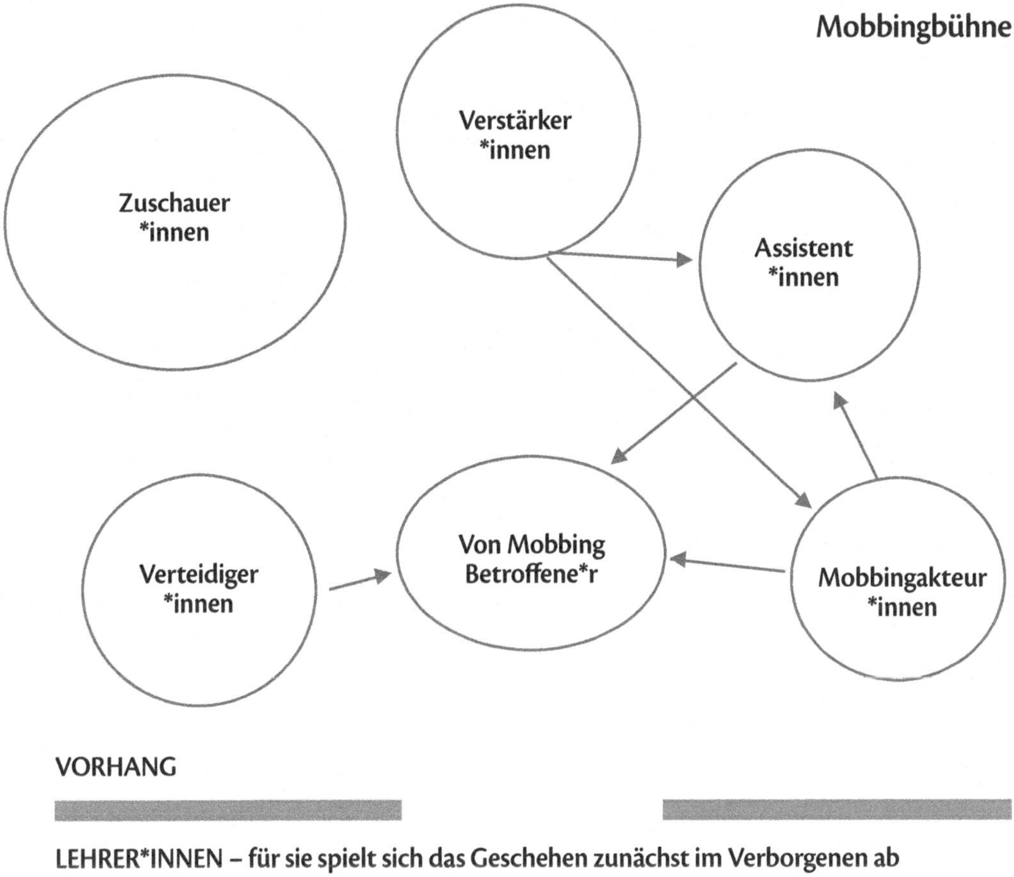

bene Macht gibt Sicherheit und festigt den Status in der Gruppe. Verantwortung für das eigene Handeln muss nicht übernommen werden.

Mobbing ist ein systemisches Geschehen und würde ohne die Mitwirkung vieler gar nicht funktionieren – auch Lehrpersonen spielen dabei eine Rolle.

Plastisch ist auch folgendes Bild: Das Drama Mobbing spielt sich wie auf einer „Bühne“ ab. Alle Mitspieler*innen haben feste Rollen, wobei es Haupt- und Nebendarsteller wie Assistenten, Verstärker, Zuschauer etc. gibt, auch die Lehrperson spielt dabei eine Rolle. Lehrer*innen können Mobbing ignorieren, tolerieren oder sogar (unbewusst) unterstützen.

Wenn sie sich ausschließlich auf den Unterricht fokussieren, nehmen sie ihre pädagogische Verantwortung in umfassendem Sinne nicht wahr. Mit dieser Ignoranz wird den Schüler*innen vermittelt, dass Gleichgültigkeit und fehlende Zivilcourage akzeptable Verhaltensweisen sind. Keine strukturierten Interventionsmaßnahmen einzuleiten, vermittelt Verharmlosung. Aus Angst Fehler zu machen, jegliches Handeln zu unterlassen, untergräbt auf längere Sicht die eigene Autorität und den inneren Kontakt zu den Schüler*innen und lässt Mobbing immer wieder neu entstehen.

Wird die Bühne entzogen – sprich: hingeschaut und interveniert –, löst sich Mobbing auf.

Mobbing und Cybermobbing – die Kriterien

Mobbing liegt dann vor – so der auf Olweus basierende immer noch aktuelle Konsens[92] –, wenn folgende Kriterien zusammentreffen: Wenn

- sich ein destruktives, attackierendes Verhalten (auch mittelbare Gewalt, Diskriminierung) gegen einen Mitschüler/eine Mitschülerin richtet,
- die Attacken wiederholt, über einen längeren Zeitraum stattfinden und immer denselben Schüler/dieselbe Schülerin betreffen,
- der/die Betroffene isoliert wird und sich aufgrund der Übermacht der anderen nicht selbst aus dieser Situation befreien kann,
- und (zunächst) verdeckt agiert wird, das heißt: keine Möglichkeit besteht, die Vorgänge in ihrem Zusammenhang wahrzunehmen.

Diese Verhaltensweisen stellen im Einzelnen noch kein Mobbing dar. Erst im Zusammenwirken, wenn sich also alle genannten Phänomene zugleich zeigen, sprechen wir von Mobbing.

Aggressive Handlungen eines Einzelnen gegenüber einer anderen Person oder einer Gruppe sind natürlich dennoch unakzeptable Gewaltvorgänge.

Ergänzende Kriterien zu Cybermobbing

Cybermobbing unterscheidet sich in einigen Punkten vom direkten Mobbing. So endet es nicht nach der Schule, weil Cybermobbingakteur*innen rund um die Uhr eingreifen können. Die eigenen vier Wände bieten also keinen Rückzugsraum mehr – Mobbing ist allgegenwärtig. Auch ein Schulwechsel kann meist nicht zuverlässig helfen.

92 Olweus 1999.

„Posts", die virtuell publiziert und geteilt werden können, sind nur schwer zu kontrollieren – ein Schneeballeffekt entsteht.

Die Tatsache, dass bei Cybermobbing der direkte Kontakt entfällt, kann Enthemmung begünstigen, da die Reaktionen der/des Betroffenen auf eine verletzende Aussage für die Akteure nicht sichtbar sind. Mobbinghandlungen fallen daher oft noch verletzender und entwürdigender aus und wirken häufig koordinierter und geplanter. Den Akteurinnen und Akteuren ist das Ausmaß der verletzenden Worte und Bilder jedoch häufig nicht klar.[93]

Charakteristische Verhaltensweisen:

- schriftliche, bildliche und verbale Beleidigungen (Harassment) in verstärkter Form über Verfolgung und Bedrohung bis hin zu Erpressung (Cyberstalking)
- unter dem Namen der betroffenen Person im Netz auftreten – falsche Identität (Impersonation)
- Preisgabe von Geheimissen durch Vortäuschung von Vertraulichkeit (Outing/Trickery)
- Ausschließen aus gemeinsamer Kommunikation (Exclusion)
- Gerüchte im Netz verbreiten, „anschwärzen" (Denigration)

Hilfe kann meist nur dann erfolgen, wenn Betroffene sich gegenüber Dritten öffnen oder Mitschüler über Vorfälle berichten.

An dieser Stelle möchte ich gern darauf hinweisen, dass eine wichtige Aufgabe in der Medienpädagogik – beziehungsweise ergänzend zu einem grundsätzlichen Austausch über Umgangsformen miteinander in der Klasse – darin bestehen könnte, gemeinsam mit Schülerinnen und Schülern präventiv eine konstruktive Umgangsweise mit Medien zu erarbeiten. Es handelt sich um sogenannte „Netiquetten" beziehungsweise einen Verhaltenskodex auf Cyber-Level[94] zum Umgang mit anderen „Usern" in sozialen Netzwerken und Chatforen.

Hilfreich ist es auch mit Schüler*innen – als eine erste, schnelle Selbsthilfe – folgende Maßnahmen bei jeglicher Art von Cyberag-

93 Alsaker 2003.

94 Schenk, Böhmer 2020, S. 249

gression (also destruktivem, übergriffigem Verhalten) zu besprechen:

- die/den Aggressor*in sofort blockieren,
- alle beleidigenden Nachrichten löschen,
- (zeitweilig) auf den Internetgebrauch verzichten.

Diese Reaktionsweisen werden unter dem Begriff „Coping" zusammengefasst.[95]

Ergänzend hierzu, kann man den „Melde-Button" erläutern. Viele Betreiber Sozialer Netzwerke bieten die Möglichkeit, (Cyberaggressions-) Vorfälle zu melden. Erhalten die Anbieter Hinweise, werden sie diese prüfen und können Inhalte löschen.[96]

Die Konsequenzen von Cybermobbing wirken additiv zu direktem Mobbing, das heißt: Jugendliche, die beide Formen erleben, berichten vom höchsten Ausmaß an depressiven Symptomen und Angststörungen. Ausschlaggebend ist dabei die Häufigkeit, vor allem aber auch die Art der Mediennutzung.[97]

Der bedeutendste Risikofaktor für Cybermobbing in der Schule ist jedoch direktes Mobbing.

Cybermobbing und direktes Mobbing müssen deswegen immer im Zusammenhang berücksichtigt werden, um ein vollständiges Bild der Mobbingdynamik zu erhalten. Wenn es gelingt, direktes Mobbing zu beenden, wird auch Cybermobbing indirekt beendet.

95 Jacobs 2014.

96 Klicksafe, https://www.klicksafe.de (zuletzt abgerufen am 11.6.2021).

97 Alsaker/Perren/Sticca 2013.

Die Mobbingspirale

„Ich bin gekommen.
Aber nennt mich nicht Bruder,
denn dort weilt meine Seele
und weint."

Juan Ramón Jiménez

Die Schule ist ein sozialer Raum, in dem Kinder und Jugendliche einen großen Teil ihrer Zeit verbringen. Es treffen an einem Ort viele verschiedene Individuen mit unterschiedlichsten Entwicklungshintergründen, Sozial- und Beziehungserfahrungen aufeinander und durchleben gemeinsam wesentliche Jahre ihres Erwachsenwerdens.

Beziehungsklima und Mobbing

Ab der mittleren Kindheit wird dabei zunehmend auch durch Freundschaften die Entwicklung von Vertrauen und die Sensibilisierung für soziale Prozesse gefördert. In Freundschaften erleben Heranwachsende Intimität und Loyalität und können lernen, sich auf persönlicher Ebene zu öffnen. Daher haben Freundschaften und die mit ihnen verbundenen Beziehungsqualitäten ganz grundsätzlich einen hohen Stellenwert für die Entwicklung des Selbstwertes und sind eine wichtige Quelle für Bestätigung und Kooperation.[98]

98 Röhr-Sendlmeyer 1988.

Insofern ist die Entstehung von Mobbing in direkter Wechselwirkung mit den sozialen Beziehungen von Schülerinnen und Schülern sowie den Beziehungen zu ihren Lehrerinnen und Lehrern zu sehen. „Bevor wir irgendwie beginnen zu lehren, zu erziehen, sind wir und das Kind da. Da ist schon Wirkung zwischen beiden da.“[99] Der große Reformpädagoge Janusz Korczak findet dafür sehr schöne, persönliche Worte, die von einer außerordentlichen Achtung gegenüber dem jungen Menschen zeugen: „Wenn ich mit einem Kind spiele oder mich mit ihm unterhalte, verknüpfen sich zwei gleichwertige reife Augenblicke seines und meines Lebens [...]“[100]

Dieses sensible Beziehungsgefüge der Gemeinschaft bildet sich immer im Klassenklima ab und kann diese in Stresssituationen mächtig aufwirbeln.

Eine Form der Kompensation, wenn Beziehungen sich verändern, kann Mobbing sein.

Oft geschieht beispielsweise Folgendes: Eine Mitschülerin, ein Mitschüler führt kleine Übergriffe und Gemeinheiten gegen irgendjemanden aus der Klasse aus. Diese Übergriffe finden immer vor Zeugen (Mitschüler*innen) statt. Mit diesen Aktionen ist manchmal zunächst nichts weiter verbunden, als andere zum Lachen zu bringen oder für neuen Gesprächsstoff zu sorgen, der den Unterrichtsalltag belebt. Wehrt sich die/der Betroffene erfolgreich, wird verteidigt oder leben in der Klasse „gute Gewohnheiten“ und Regeln (konstruktive Konfliktlösungsstrategien, Umgang mit Kritik und Äußerung von Ärger, gegenseitige Achtung und Eintreten füreinander), dann ist diese Machtdemonstration gescheitert. Es entwickelt sich kein Mobbing.

Wenn die/der Betroffene stark verunsichert – „Warum ich?“ – reagiert und keine Unterstützung erhält, kann sich Mobbing allmählich aufbauen. Erfolgt etwa eine Solidarisierung Einzelner mit der Akteurin/dem Akteur oder „sticheln“ Lehrerinnen und Lehrer selbst ab und zu „zum Scherz“ mit, so fühlen sich die Akteure bestärkt und erfahren einen Wirksamkeitszuwachs. Ein ähnlicher

99 Steiner 1986, GA 308.

100 Korczak/Schwab 1999.

Effekt stellt sich ein, wenn der Leidensdruck der/des Betroffenen unterschätzt wird. Öffnet sich beispielsweise nach langem innerem Ringen eine Schülerin, ein Schüler seiner Lehrperson oder seinen Eltern gegenüber, um dann nur tröstende Worte zu erhalten wie: „Das geht schon irgendwie vorbei", so führt dies meist zu innerem Rückzug, Schuldgefühlen und Angst.

Generell wirken Verharmlosungen oder gar Schuldzuweisungen – „Der oder die ist aber auch wirklich schwierig" – wie das Zuschlagen einer Tür. Betroffene erleben, dass sie mit ihrem Problem allein gelassen werden.[101]

Teufelskreis Mobbingspirale

Es werden nun im weiteren Verlauf des Entstehens der typischen Mobbingstruktur immer mehr Mitschülerinnen und Mitschüler in das Geschehen mit hineingezogen und geraten dadurch in die beschriebenen Rollen von Assistent*innen und Unterstützern. Es wird vor Erwachsenen noch verdeckt agiert. Schon in diesem Stadium des sich entwickelnden Mobbingprozesses kann sich ein unguter gruppendynamischer Lerneffekt in der Klasse festsetzen: „Wenn ich Macht ausübe, kann ich etwas erreichen." Und ebenso: „Wenn ich als Betroffene, als Betroffener übergriffigem Verhalten ausgesetzt bin, habe ich keine Hilfe zu erwarten."

Nun werden die Übergriffe heftiger, und man „schießt" sich auf die betroffene Person ein. Wenn keine Intervention erfolgt, verdichten sich spätestens jetzt die einzelnen Aktionen zu Mobbing. Die Machtdemonstrationen werden schamloser, offener; Verteidiger, die es zu Beginn eigentlich immer gibt, ziehen sich zurück, und auch die Rolle der Zuschauer festigt sich. Ausgrenzung wird angestrebt.

Gleichzeitig gewöhnt sich die Klasse an die Situation und die Übergriffe werden zunehmend (auch von Lehrern) als „normal" erlebt: „Der/Die war doch schon immer schwierig".

101 Jannan 2010.

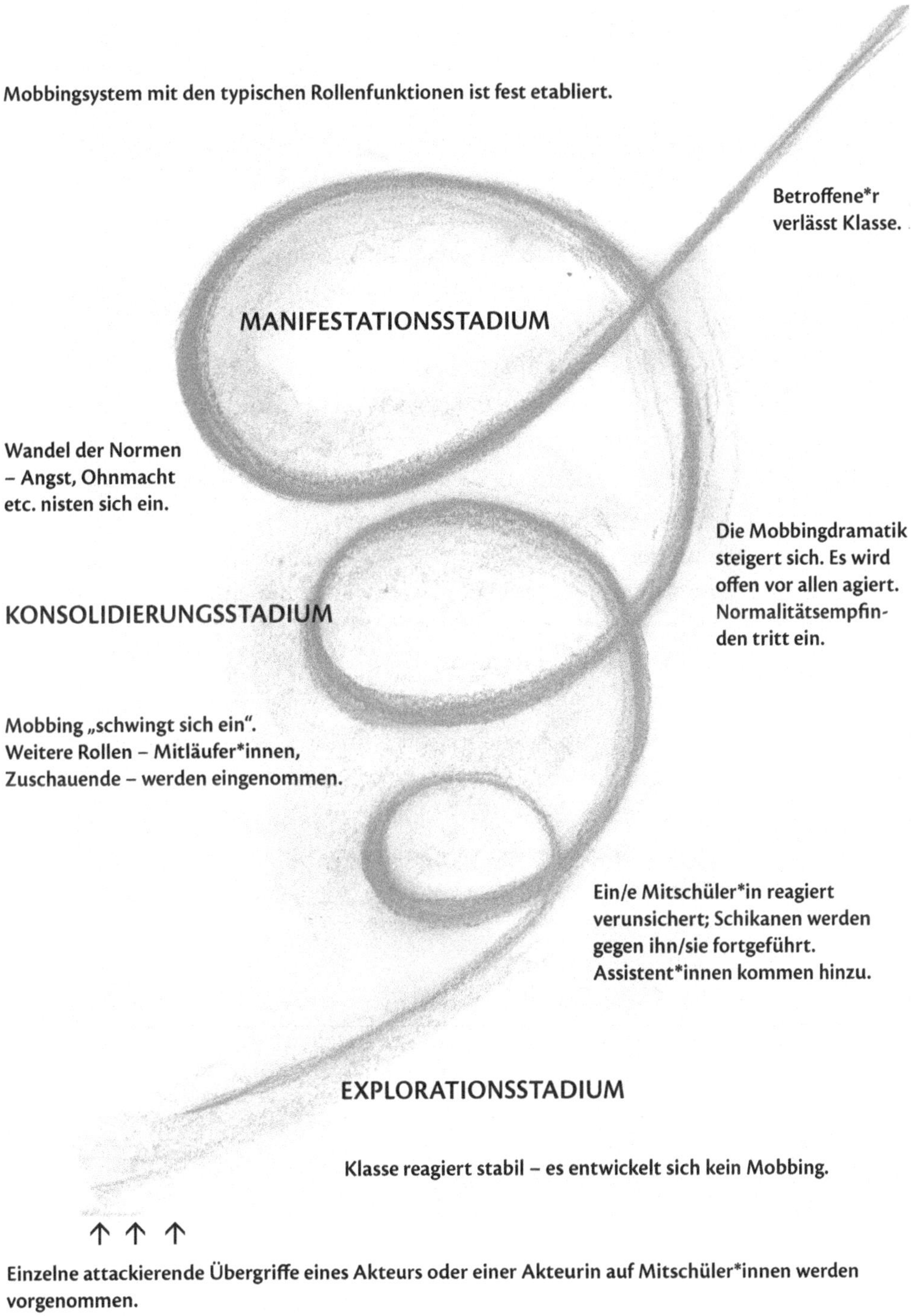
Mobbingsystem mit den typischen Rollenfunktionen ist fest etabliert.
Betroffene*r verlässt Klasse.
MANIFESTATIONSSTADIUM
Wandel der Normen – Angst, Ohnmacht etc. nisten sich ein.
Die Mobbingdramatik steigert sich. Es wird offen vor allen agiert. Normalitätsempfinden tritt ein.
KONSOLIDIERUNGSSTADIUM
Mobbing „schwingt sich ein“. Weitere Rollen – Mitläufer*innen, Zuschauende – werden eingenommen.
Ein/e Mitschüler*in reagiert verunsichert; Schikanen werden gegen ihn/sie fortgeführt. Assistent*innen kommen hinzu.
EXPLORATIONSSTADIUM
Klasse reagiert stabil – es entwickelt sich kein Mobbing.
↑ ↑ ↑
Einzelne attackierende Übergriffe eines Akteurs oder einer Akteurin auf Mitschüler*innen werden vorgenommen.

Jede Art des Verhaltens der betroffenen Schülerin, des Schülers – ob Rückzug, Erkrankung, Versuch des Ignorierens oder aggressive Gegenreaktionen – werden von den Akteurinnen und Akteuren als Fehlverhalten dargestellt und dazu genutzt, weitere Attacken zu legitimieren. Die/Der Betroffene hat nun keine Möglichkeit mehr, sich selbst aus dieser Situation zu befreien.

Als letzte Konsequenz, wenn nicht eingegriffen wird, erfolgt der Weggang aus der Klassengemeinschaft.

Zum Verständnis dieses komplexen Geschehens ist es wichtig, sich zu verdeutlichen, dass sich nicht eine Akteurin, ein Akteur gezielt eine Mitschülerin, einen Mitschüler auswählt und einen sadistischen Plan entwickelt, um die Zielperson systematisch fertig zu machen, sondern dass es sich bei Mobbing ab einem gewissen Zeitpunkt personenunabhängig um einen wechselseitigen Interaktionsprozess handelt, bei dem alle eine Rolle spielen und den man auch als Teufelskreis[102] oder sich aufbauende Mobbingspirale bezeichnen könnte.

Systemisch betrachtet sind von Mobbing betroffene Schülerinnen und Schüler Symbolträger für ungelöste Probleme. Die aufgebauten Emotionen entladen sich meist in Situationen, in denen Beziehungen auch entwicklungsbedingt neu ergriffen werden müssen. Da fungiert im Rollengefüge des Mobbinggeschehens die/der Betroffene als Ventil, als Sündenbock und dient der Entlastung aller.

Mobbingbetroffene weisen daher – auf die Gemeinschaft bezogen – auf Beziehungsmuster hin, an denen im Rahmen der Intervention lösungsorientiert gearbeitet werden sollte.

102 GRIN document 437268, 2018.

Mobbing und Konflikte – Unterschiede erkennen

Die Äußerung „Ich werde gemobbt" ist zur Alltagssprache bei Jugendlichen geworden. Das macht es nicht leichter, Mobbing zu erkennen und von „normalen" Konflikten zu unterscheiden.[103]

Zwischen Schülerinnen und Schülern vorkommende, alltägliche Konflikte können individuell sehr belastend erlebt werden. Dies trifft vor allem dann zu, wenn diese Konflikte in destruktiver Weise ausgetragen werden. Schülerinnen und Schüler haben sich in der Schule ja nicht freiwillig zusammengefunden, müssen aber zusammen lernen und miteinander auskommen. Meinungsverschiedenheiten und Streitigkeiten bis hin zu körperlich ausagierten Aggressionen können daher auftreten, denn jeder Mensch ist verschieden, handelt und urteilt aus seinen eigenen Erfahrungen heraus – aufgrund von Prägungen, Werten, kultureller Zugehörigkeit sowie aktueller Befindlichkeit. Wo Menschen zusammenkommen, treffen diese Unterschiedlichkeiten aufeinander. Die Gegensätze erzeugen dann Konflikte. Das ist normal und gehört wie das Salz in der Suppe dazu.

Im Alltag setzen wir Konflikte oft mit Streit, Aggression und Gewalt gleich und bewerten sie eher negativ. Tatsächlich lässt sich ein Konflikt jedoch ganz neutral und wertfrei als ein Zusammenstoß der Meinungen definieren:

Konflikte sind Unvereinbarkeiten im Denken, Fühlen und Wollen von mindestens zwei Personen.

Es zeigt sich, dass es nicht die Konflikte selbst sind, sondern unser Umgang mit Konflikten, der zu Streit und Auseinandersetzungen führen kann. Was den Umgang mit Konflikten anbelangt, gibt es prinzipiell drei Möglichkeiten:

103 Blum, Beck 2016, S. 21.

- Kampf und Unterwerfung (einer gewinnt, der andere soll verlieren)
- Vermeidung (eine Partei oder beide umgehen den Konflikt mit verschiedensten Strategien – weichen der Auseinandersetzung aus)
- Verständigung (beide sollen profitieren)

In den ersten beiden Fällen wird eine einseitige Lösung angestrebt, anders bei der dritten Variante: Hier wird eine Win-Win-Situation erarbeitet – beide profitieren.

Interessenausgleich: Konflikt als Chance

Diese dritte Form wird durch eine konstruktive Konfliktlösungsstrategie erreicht, bei der ein Interessenausgleich stattfindet. Eine Win-Win-Lösung wird angestrebt. Dadurch kann der Konflikt zur Chance werden: Der Einzelne und auch die ganze Gemeinschaft können sich weiterentwickeln.

Diese Haltung einnehmen zu können, lernen Schülerinnen und Schüler in einer Ausbildung zu Schülermediator*innen (Streitschlichtung, Peermediation).

Zwei Schülerinnen, die an einer Fortbildung bei uns in Hamburg 2015 teilgenommen haben, berichten:

„Während der Ausbildung habe ich mich zum ersten Mal mehr damit beschäftigt, was es heißt, sich bei einem Konflikt in den anderen hineinzuversetzen. Ich habe eine Schwester; wenn wir uns gestritten haben, musste ich in dem Moment schmunzeln, weil ich wusste: Jetzt wird sie laut, weil sie gerade hilflos ist und meint, dass sie sonst nicht gehört wird."

„Für mich war vorher Streit etwas, was ich vermeiden wollte: am besten wegstecken, nicht darauf eingehen. Dann habe ich gemerkt, dass es gar nichts bringt, einem Konflikt aus dem Weg zu gehen, denn es ist nichts gelöst. Wenn ich mich mit einer Freundin gestritten habe, ist unterschwellig immer ein ungutes Gefühl da. Wenn ich weiß, ich kann es klären, dann sind wir danach viel offener füreinander. Man hat klar gesagt, was einem an einer Situation nicht gefällt, was man kritisieren möchte, und wenn es gut läuft, kann man aus einem Konflikt viel lernen. Der Umgang danach ist viel besser."

Aus dieser Perspektive gesehen tragen Konflikte immer ein positives Potenzial in sich. Konflikte sind also prinzipiell auf eine Lösung hin orientiert – entweder wird sie destruktiv oder konstruktiv herbeigeführt. Jedoch sind Konflikte – auch wenn sie lange andauern – nicht mit Mobbing zu verwechseln.

Cyberkonflikte

Auch was die Verwendung des Wortes „Cybermobbing" anbelangt, zeigt die bisherige Praxis, das unter diesem Begriff oft Vorgänge subsummiert werden, die kein Mobbing darstellen.

Auch anderes, Konflikte provozierendes Verhalten im Cyberraum kann Beziehungen und die Selbstbestimmung von jungen Menschen erheblich beeinträchtigen, stellt aber per se kein Mobbing dar, sondern spiegelt einen riskanten Umgang mit virtuellen Medien. So ist es zweifellos belastend, wenn eine Person beispielsweise ein Bild im Freundeskreis postet, auf dem sich eine andere Person als unvorteilhaft abgebildet empfindet und es daher als ein peinliches Bild einstuft. Hier wäre es notwendig, im eigenen Freundeskreis für das Recht am Bild und den Schutz der eigenen Persönlichkeitsrechte einstehen zu können. Obwohl solche Situationen als problematisch empfunden werden, kapitulieren hier viele Jugendliche.[104]

Das wäre ein konkreter Punkt, den man im Rahmen von Umgangsregeln in Chatforen und Messengerdiensten in einer „Netiquette" miteinander festlegen kann.

Bei Mobbing ist die dahinterstehende Motivation eine andere: Einzelne Schülerinnen oder Schüler versuchen durch attackie-

104 JFF-Inst. f. Medienpäd. 2012 https://www.jff.de/fileadmin/user_upload/JFF-Bericht_Online-Konflikte.pdf, (letzter Zugriff: 21.1.2021).

rende, schikanierende Handlungen das Ansehen einer Mitschülerin/eines Mitschülers zu beschädigen, um dadurch die eigene soziale Position zu stärken. Wie geschildert lässt jedoch erst die sich daraus entwickelnde Gruppendynamik und Rollenstruktur die eigentliche Mobbingsituation entstehen. Mobbinghandlungen richten sich immer gegen die Person an sich, Ausgrenzung wird angestrebt, Lösungen werden nicht gesucht.

Konflikte: Eskalation im „Netz"

Ergänzend möchte ich hier auf einige Aspekte zum Thema Konflikte im „Netz" eingehen:

In zwei interessanten Studien[105] wurde herausgearbeitet, dass bei Kindern und Jugendlichen Beschimpfungen und Beleidigungen, Schlechtreden und Ignorieren durchaus übliche Verhaltensweisen sind, Konflikte online auszutragen. Problematisch ist in diesem Zusammenhang, dass die mediale Reichweite im Kontext der Sozialen Netzwerkdienste und auch deren strafrechtliche Relevanz stark unterschätzt werden. Schwierig ist darüber hinaus für viele die Bewertung der Grenze zwischen Spaß und Ernst und damit verbunden – je nach Eskalationsgrad des Konflikts – die subjektive Wahrnehmung in Bezug auf die Angemessenheit des eigenen Handelns.

Nach dem eigenen Verhalten als Zeugen von Cyber-Konflikten befragt[106] beschrieben die Schülerinnen und Schüler hauptsächlich zwei typische Verhaltensweisen.

Einmischen nur, wenn es durch den Eskalationsgrad gerechtfertigt ist: Betont wurde, dass man sich niemals in einen als Spaß deklarierten Streit einmischen sollte. Ein derartiges Eingreifen bezeuge lediglich, dass man den Spaß fehlinterpretiere, was mit einem Verlust des Ansehens einhergehen könne.

Unterstützung nur für Freundinnen und Freunde: In erster Linie dürfen nur Freundinnen oder Freunde sich in Streitigkei-

105 Ebd. JIM-Studie 2017, https://www.mpfs.de/fileadmin/files/Studien/JIM/2017/JIM_2017.pdf (letzter Zugriff: 21.1.2021).

106 Ebd.

ten untereinander einbringen. Ist die Beziehung zu den Konfliktparteien zu schwach, wird Einmischung eher als Risiko bewertet. Außenstehende sollten die gegebenenfalls negativen Konsequenzen für die eigene Person abschätzen, bevor sie aktiv werden.

Bei angestrebten Lösungen von Konfliktsituationen oder bei Versöhnung nach einem Streit stellte sich heraus, dass die eingeschränkten Wahrnehmungsmöglichkeiten in der Online-Kommunikation den Schülerinnen und Schülern durchaus bewusst waren. Die Befragten bevorzugten hier den direkten Kontakt mit folgenden Begründungen: Online fehle das Körperliche; man könne die andere Person nicht umarmen; Versöhnungsangeboten könne man online nicht so leicht Glauben schenken, da die wirklichen Gefühle und Intentionen des Gegenübers nicht so einfach zu beurteilen sind wie in einem persönlichen Gespräch.

Der Anspruch, ihre Konflikte selbstbestimmt lösen zu wollen und zu können, wurde von den meisten betont. Insgesamt wurden Erwachsene nur dann als Ansprechpartner akzeptiert, wenn man ihnen vertrauen und ihre Reaktionen einschätzen konnte.

Konfliktlösungen im „Netz"

Die Handhabung von Online-Konflikten in der Schule zu lernen, kann als eine pädagogische Aufgabe für das Aufwachsen in einer mediatisierten Lebenswelt angesehen werden.

Neben dem Erlernen eines angemessenen Umgangs mit Medien ist es dabei besonders wichtig, den Jugendlichen die Grenzen der Mediennutzung in der Kommunikation über persönliche oder zwischenmenschliche Aspekte aufzuzeigen. Insbesondere partizipative Projekte, die die Selbst- und Sozialkompetenz stärken sowie zum Erlernen konstruktiver Konfliktlösungsstrategien beitragen, können dadurch auch wiederum präventiv gegen Cyberkonflikte und gegen Cybermobbing wirken.

Die Mobbingbrille
Vorgänge und Anzeichen richtig deuten

Der Fuchs verstummte und schaute den Prinzen lange an:
„Bitte --- zähme mich“ sagte er.
„Ich möchte wohl“, antwortete der kleine Prinz, „aber ich habe nicht viel Zeit.
Ich muss Freunde finden und viele Dinge kennenlernen.“
„Man kennt nur die Dinge, die man zähmt“, sagte der Fuchs.

Antoine de Saint-Exupéry

Aufklärung und eine klare Haltung der Schule beziehungsweise der ganzen Schulgemeinschaft gegen jegliche Form von Gewalt ist die Voraussetzung, um gegen Mobbing vorgehen zu können.

Das bedeutet konkret, alltäglichen Konflikten mit bedürfnisorientierten Lösungsstrategien wie beispielsweise Mediation und Peer-Mediation begegnen zu können. Für eskalierte Konflikte, einhergehend mit seelischer Gewalt, Körperverletzung oder Sachbeschädigung, sollten Maßnahmen verabredet sein, die auch konsequent gehandhabt werden. Es gilt dabei jedoch immer, die Sinnhaftigkeit für die Beteiligten im Auge zu behalten. So kann die Vermittlung eines Tat-Ausgleichs manchmal hilfreicher für alle sein als eine Bestrafung und einen deutlich größeren sozialen Lerneffekt vermitteln. Gemeint ist, weder den Dingen einfach ihren Lauf zu lassen noch ausschließlich restriktive Maßnahmen zu ergreifen, um das Problem loszuwerden. Beide Haltungen zahlen sich nicht aus, sondern verlagern nur die Konfliktebenen.

Mobbing ist nicht sofort zu erkennen

Mobbing in seiner Gruppendynamik und -konstellation ist nicht leicht zu erkennen, da es selten von vornherein klar ist, ob tatsächlich Mobbing – also eine Gewalt affizierte, systemische Dynamik, die sich verselbständigt hat – vorliegt oder eher attackierende Einzelaktionen beziehungsweise eskalierte Konflikte. Meist sind Mobbingsituationen für Lehrkräfte nicht unmittelbar ersichtlich. Gerade die Verdecktheit und die scheinbar isolierten attackierenden Einzelaktionen sorgen dabei zunächst für ein diffuses Wahrnehmungsbild. Aber auch eigene, vorgefasste Annahmen oder Beurteilungen von typischen Verhaltensweisen von Schülerinnen und Schülern können sich in den Blick stellen.[107]

Geschichte eines betroffenen Schülers

Ich möchte an dieser Stelle eine Mobbinggeschichte vorstellen, die so oder ähnlich sicher mancher kennt: Jonas (Name geändert) geht in die siebte Klasse, ist ruhig, offen, sozial kompetent und in einer Jungs-Gruppe gut integriert, die Mädchen mögen ihn. Er ist gut in der Schule und wissbegierig. Die Eltern versuchen ihren einzigen Sohn sehr zu unterstützen; die Mutter möchte nicht, dass er zu viel vor dem PC sitzt, daher darf er nur nach Absprache den Computer benutzen.

Eines Tages findet Jonas auf der Jungstoilette folgende Schmierereien: „Jonas ist ein Klugscheißer“ und „Jonas ist schwul“, unverkennbar in Peters (Name geändert) Handschrift. Peter war Jonas bester Freund. Jonas ist wütend und will Peter zur Rede stellen, Peter verhöhnt Jonas und die „neuen“ Freunde machen mit, halten das Ganze für einen tollen Spaß.

Jonas versteht die Welt nicht mehr und versucht, die anderen zur Vernunft zu bringen, ohne Erfolg. In den nächsten Wochen verbreiten sie zusätzlich Lügengeschichten und schließen ihn aus

107 Blum/ Beck 2016.

allen Aktivitäten aus. Seine anderen Freunde ziehen sich zurück. Die Mädchen sehen ihn oft allein und merken, dass etwas nicht stimmt. Eine Klassenreise steht an. Die Attacken werden heftiger. Nachts, im Mehrbettzimmer der Jungen passiert mehrmals Folgendes: Alle scheinen zu schlafen, plötzlich ruft Peter „Haufe" und fünf bis sechs Jungs stürzen zu Jonas' Bett und werfen sich auf ihn. Nach kurzer Zeit verschwinden alle wieder in ihre Betten. Zurück in der Schule werden auch im Unterricht immer häufiger abwertende Bemerkungen geäußert. Die Mädchen stört das Verhalten sehr, aber Peter ist sehr wortgewandt, daher trauen sie sich nicht, etwas zu sagen. Jonas fühlt sich allein gelassen und zunehmend ohnmächtig.

Seinen Eltern verschweigt Jonas die Schikane durch die Mitschüler. Er hat Angst, dass sie sich einmischen, mit den Lehrern reden oder sich sogar an die Eltern von Peter wenden, was seine Situation nur verschlimmern würde. Als Jonas häufiger über Bauchschmerzen klagt und immer öfter zu Hause bleiben möchte, verabredet die Mutter einen Arzttermin. Erst jetzt, nach Monaten, vertraut Jonas sich seiner Mutter an. Sie ist empört und wendet sich unverzüglich an den Klassenlehrer.

Das Beispiel zeigt deutlich, dass zunächst alles im Verborgenen beginnt und gerade die heftigsten Aktionen gegen Jonas für den Klassenlehrer nicht wahrnehmbar waren. Später konnte dieser zwar die bissigen Bemerkungen hören, die ab und zu sogar mitten im Unterricht fielen, aber er empfand die Jungs insgesamt gerade sowieso wenig fassbar und „rüpelhaft" – der kleine Unterschied im Verhalten gegenüber Jonas fiel ihm verständlicherweise nicht auf. Bei den Mädchen hatte er oft Verunsicherung oder Empörung wahrgenommen. Dass Jonas sich kaum mehr meldete, häufiger fehlte und irgendwie immer traurig wirkte, machte ihm allerdings Sorgen. Seine Beobachtungen konnte er aber zunächst in keinen Zusammenhang bringen.

Wie kann es gelingen, Mobbing zu erkennen?

Die Voraussetzung ist die gleiche wie sie für die Pädagogik ganz allgemein gilt: Lehrerinnen und Lehrer sollten gute Beobachter werden für all die Phänomene in der Entwicklung von Kindern und Jugendlichen, an denen sich – oft sehr maskiert – wichtige Lebenseinschnitte offenbaren. Die Übergangsphase von der Kindheit zur Jugend um das neunte Lebensjahr, in der die Bedürfnisse nach zwischenmenschlicher Beziehung oft vehement hervortreten, ist dafür ein zentrales Beispiel.

Denn in diesen Phasen brechen häufig alte Sicherheiten weg, um künftigen Entwicklungen Raum zu geben, und die Gefahr, dass sich eine Mobbingsituation aufbauen kann, ist hoch. Der aufmerksame Blick gilt dabei sowohl auffälligen Änderungen im Verhalten Einzelner wie auch Veränderungen, welche die ganze Gruppe, das soziale Klima in der Klasse betreffen.

Auf Veränderungen achten

Lehrerinnen und Lehrer können vermehrt auf Verhaltens-, Befindlichkeits- oder Leistungsveränderungen bei einzelnen Schülerinnen und Schülern achten wie beispielsweise:

- Die Schülerin, der Schüler fehlt häufiger als vorher in der Schule, ist stiller geworden, kann aber andererseits unerwartet aggressiv reagieren.
- Das Selbstwertgefühl sinkt – erkennbar beispielsweise daran, dass sich das Kind weniger zutraut als früher.
- Das Kind bleibt nach dem Unterricht länger in der Klasse.
- Schulangst tritt auf.
- Das Kind beginnt zu stottern oder klagt oft über Bauchschmerzen, muss sich übergeben.
- Die Schülerin, der Schüler erhält keine privaten Einladungen mehr von Mitschülerinnen und Mitschülern.

- Was auch passiert, es wird immer die gleiche Schülerin, der gleiche Schüler beschuldigt.

Die beschriebenen Phänomene können natürlich auch durch ganz andere Problemlagen hervorgerufen worden sein. Ob es sich um Mobbing handelt, wissen wir jetzt noch nicht, aber in jedem Fall ist ein Vieraugengespräch wichtig beziehungsweise behutsames Nachfragen, damit die Schülerin/der Schüler möglichst rasch die notwendige Unterstützung bekommt. Die genannten Beobachtungen können Signale für eine Mobbingsituation sein. Deshalb sollte man sie ernst nehmen und der Sache auf den Grund gehen.

Auf der Klassenebene kann man beispielsweise auf folgende Anzeichen aufmerksam werden:

- Unmotiviertheit nimmt zu oder wird auffällig.
- Es besteht ein geringer Zusammenhalt unter den Schülerinnen und Schülern.
- Es treten verstärkt Gruppenbildungen auf.
- Gegenstände in der Klasse werden häufiger beschädigt.
- Fehler von Mitschüler*innen werden mit Spott, Grimassen, hämischem Lachen quittiert.
- Die Klasse steht unter spürbarem Leistungsdruck.
- Mehrere Schülerinnen und Schüler sind unter- oder überfordert.
- Das Klassenklima wird spürbar schlechter: Konkurrenzverhalten nimmt zu, rigide Streitkultur wird ausgelebt.

Beobachtungen dieser oder ähnlicher Art können ebenfalls einen Verdacht auf Mobbing aufkommen lassen und sollten nicht hingenommen oder nur gemaßregelt, sondern tiefergehend ausgelotet werden.

Mitschülerinnen und Mitschüler oder Eltern geben Hinweise

In vielen Fällen ist es jedoch so, dass Mitschülerinnen und Mitschüler Lehrerinnen und Lehrer ansprechen und darauf hinweisen, dass jemand aus der Klasse schon länger geärgert wird, oder Eltern sich an die Klassenlehrerin/den Klassenlehrer wenden. Spätestens dann (dies gilt insbesondere bei Hinweisen auf entsprechende Handlungen im Internet oder bei Messengerdiensten) ist der Anlass gegeben, herauszufinden, ob in der konkreten Situation Mobbing vorliegt, also eine Dynamik, die sich bereits verselbständigt hat und für Einzelne bedrohlich werden kann.

Die Mobbingbrille

Es hat sich als hilfreich erwiesen, zunächst einmal eine „Als-ob-Perspektive" einzunehmen, um herauszufinden, ob sich eine destruktive Mobbingspirale bereits herausgebildet hat. Hilfreich ist, davon auszugehen, dass es sich um Mobbing handeln könnte.

Detlef Beck und Heike Blum vom Fairaend-Institut für einen guten Umgang mit Konflikten in Köln prägten hierfür den Begriff der „Mobbing-Brille".[108] Diese ist, wie Erfahrungen zeigen, hilfreich, um die eigene Aufmerksamkeit für Mobbing zu schärfen und das systemische Geschehen hinter den vordergründig beiläufigen einzelnen Gewaltvorfällen und herabwürdigenden Verhaltensweisen zu erkennen. Diese Perspektive setzt voraus, dass man folgende drei Bereiche parallel in den Blick nimmt:

1. Handlungen

Leitfragen sind: Welche gegen das Kind oder den Jugendlichen gerichteten Vorgänge kann ich beobachten:

- Körperliche Attacken – beispielsweise: Rempeln, Bein stellen, Boxen, ins Ohr schreien, gemeinsame Attacken auf Kommando

108 Ebd.

- Psychische Angriffe – abwertende Spitznamen, permanente Beschuldigungen, Gegenstände der/des Betroffenen für ‚unberührbar' erklären
- Augenverdrehen, Stimme oder Gesten imitieren, Applaus an der falschen Stelle, Nase rümpfen, Bedrohung (auch bei Cybermobbing → Harassment)
- Das Ansehen beschädigen – Gerüchte verbreiten (bei Cybermobbing → Denigration), unter dem Namen der, des Betroffenen falsche Informationen verbreiten (bei Cybermobbing → Impersonation), in unangenehme Lage bringen durch Preisgabe von vertraulichen Erzählungen (bei Cybermobbing → Outing)
- Soziale Herabsetzung – wie Luft behandeln, aus Gruppenarbeiten ausgrenzen, Beziehungsabbruch durch Aufkündigen der Freundschaft (bei Cybermobbing → Exclusion), lächerlich machen (bei Cybermobbing auch beispielsweise Fotomontagen, bloßstellende Filme)
- Eigentumsbeschädigung – Kleidung wird beschmutzt, Turnbeutel verschwindet, Stifte werden zerbrochen

Nicht die einzelne Handlung allein ist dabei maßgebend, sondern viele kleine Angriffe in Summe und wiederholt, die zum Psychoterror werden.

2. Signale

Welche Befindlichkeits-, Leistungs- oder körpersprachlichen Veränderungen fallen mir bei dem vermutlich betroffenen Kind oder Jugendlichen auf? Dabei handelt es sich um die weiter oben dargestellten Aspekte, die vielleicht schon im Vorfeld beobachtet worden sind.

3. Weitere Informationsquellen

Was ist mir noch zu Ohren gekommen? Worauf habe ich bisher nicht geachtet? Welche weiteren Personen könnte ich fragen?

In erster Linie kommen hier die Kolleginnen und Kollegen in Betracht. Insbesondere ist es nötig, zunächst mit allen zu sprechen, die in der Klasse unterrichten. In der Schule können des Weiteren auch Schulsozialarbeiter, Hausmeister, Förderlehrerinnen, Assistenzlehrer sowie natürlich Eltern und bei vermutetem Cybermobbing vor allem Mitschülerinnen und Mitschüler angesprochen werden. Zusätzlich kann man sich – als Unterstützung – an außerschulische Beratungsstellen und Netzwerke wenden.[109]

Hinweise durch Schüler-Mediator*innen/Streitschlichter*innen

Auf eine weitere gute Möglichkeit möchte ich an dieser Stelle etwas näher eingehen. Hat man Schüler-Mediation (Peer-Mediation, Streitschlichtung) an der Schule fest etabliert, ist diese eine der sichersten Quellen, um früh über Gewaltvorfälle informiert werden zu können. Schülermediatorinnen und -mediatoren genießen das Vertrauen ihrer jüngeren Mitschüler, und die Schwelle sie anzusprechen ist niedriger als bei Erwachsenen. Es muss jedoch geklärt sein, dass die Intervention bei Mobbing – wegen der asymmetrischen Gewaltsituation – in die Hände von Erwachsenen gehört, denn bei Gewaltproblematiken ist immer die Schule als Institution in der Pflicht und Verantwortung. Daher sollten Streitschlichter bei einem Verdacht auf Mobbing entsprechende Ansprechpartner in der Schule kennen.

Sie können aber sehr gut in eine Intervention als Unterstützung eingebunden werden. Das kann in unterschiedlicher Weise – situativ angemessen – gehandhabt werden und eine fruchtbare gemeinsame Aktion von Klassenlehrerinnen und -lehrern, Schulsozialarbeitenden und Schülerinnen und Schülern sein.

Eine Schülerin, die an einer unserer Mobbingfortbildungen für Schüler*innen im ISG-Institut teilnahm, berichtet von einem Fall: „Ja, wir hatten auch einen Mobbing-Fall in der Schule. Das ging zum Beispiel damit los, dass ein Foto von der Person in den Klassenchat geschickt wurde, das heißt, auf WhatsApp ist die ganze Klasse als Adressat drin. Die Betreffende bittet darum, dass das

109 Ebd.

Foto gelöscht wird, aber die anderen tun das nicht, machen sich darüber lustig. Daraufhin reagiert sie in einem Maße, wie es für sie richtig erscheint, sie bezieht ihre Eltern mit ein, weil sie sich selbst nicht mehr verteidigen kann. Die Schüler lachen sich kaputt, dass sie sich so ärgert, sie selbst droht inzwischen an, es auf dem Rechtsweg zu klären. Auch darüber machen sich die Schüler lustig, dass sie nicht wie ein ‚echter Teenie' ihre Sachen selber klärt.

Eskalation passiert auch, wenn vieles zusammenkommt: Eine Gruppe ärgert immer wieder eine Person, dazu kommen auch noch persönliche Angriffe: Du bist zu dick, zu dünn, hässlich; Die Eltern werden beleidigt und diejenige weiß nicht mehr, wie sie sich helfen kann. Wenn das immer massiver wird, ist das ein Fall von Mobbing."

Mit dem auf Seite 83 abgedruckten Brief wandte sich ein von Mobbing betroffener Schüler der siebten Klasse einer Waldorfschule an die Streitschlichtergruppe.[110] Darin wie auch in der zu Beginn des Kapitels geschilderten authentischen Mobbinggeschichte werden die Signale und aggressiven Handlungen deutlich erkennbar sowie auch weitere wesentliche Kriterien von Mobbing: etwa das Machtungleichgewicht und das Ohnmachtsgefühl der/des Betroffenen.

In dem anonymen Brief wird zusätzlich die Enthemmung deutlich, die sich nach und nach in der Steigerung der Attacken beziehungsweise verbalen Angriffe zeigt. Diese Enthemmung stellt sich auch bei traditionellem Mobbing viel schneller ein als man denkt und nimmt auch in Klassen, die als „wohlgesittet" gelten, oftmals erschreckende Ausmaße an.

Durch die gezielte Fokussierung (Mobbing-Brille) auf die drei Bereiche (Signale, Handlungen, Informationen) und ihre Zusammenführung, ergänzt um die Kenntnis der Mobbingdynamik und der charakteristischen Kriterien, ergibt sich jetzt ein aussagekräftiges Bild, das die Bewertung der Situation erlaubt und Mobbing erkennbar werden lässt.

110 Private Quelle. Siehe folgende Seite.

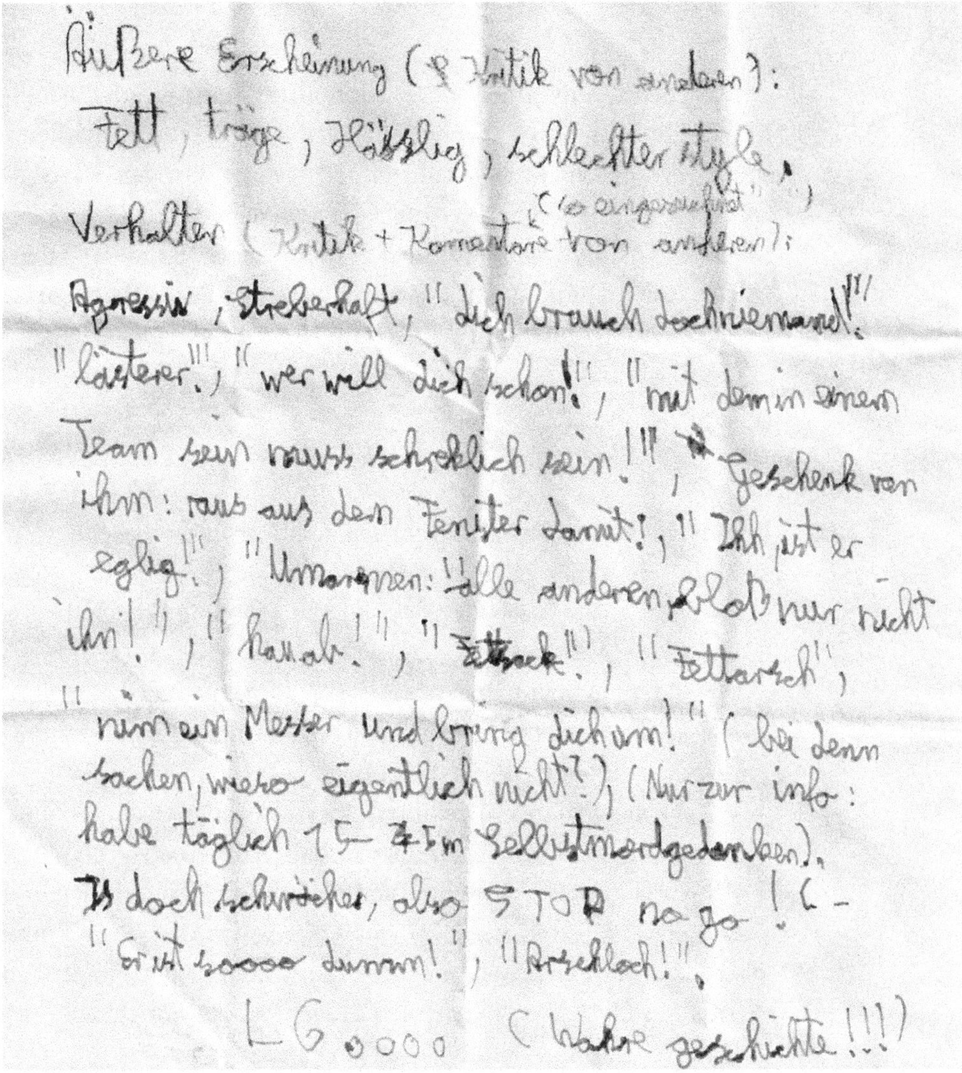

Äußere Erscheinung (Kritik von anderen): Fett, träge, hässlig, schlechter style. Verhalten (Kritik + Kommentare von anderen): Agressiv, streberhaft, „dich brauch doch niemand!", „lästerer.", „wer will dich schon!", „mit dem in einem Team sein muss schrecklich sein!", Geschenk von ihm: raus aus dem Fenster damit!, „Ihh, ist er eglig!", „Umarmen: alle anderen, bloß nur nicht ihn!", „hau ab!", „Fettsack"!, „Fettarsch", „nimm ein Messer und bring dich um!" (bei denn sachen, wieso eigentlich nicht?), (Nur zur info: habe täglich 15-45m Selbstmordgedanken). Is doch schwächer, also STOP no go! „Er ist soooo dumm!", „Arschloch!". LG.... (Wahre geschichte!!!)

Das heißt, ein eindeutiges Mobbingsystem – attackierende Handlungen von zunächst ein oder zwei Personen (flankiert durch die beschriebene Rolleneinnahme der übrigen Klassenmitglieder), gegen einen/e Mitschüler*in, der/die auf Grund der Übermacht unterlegen ist und sich nicht selbst aus dieser Situation befreien kann, hat sich in der Klasse etabliert. Als nächster Schritt wird die Intervention geplant.

Selbstreflexion

Ergänzend zu dem bisher beschriebenen Vorgehen ist es hilfreich, sich als Lehrerin, als Lehrer auch selbst zu prüfen:

- Gibt es eigene Verhaltensweisen, die Mobbing Vorschub leisten?
- Neigt man möglicherweise dazu, Einzelne vor der ganzen Klasse bloßzustellen oder ironisierend beziehungsweise moralisierend zu beurteilen?
- Oder neigt man vielleicht zu Überreaktionen, wenn Schülerinnen und Schüler sich anders verhalten als erwartet?
- Bevorzugt man oder lehnt man bestimmte Schülerinnen und Schüler ab?
- Auf die Klassenebene bezogen kann man sich zu folgenden Themen Gedanken machen: Wie sieht es aus mit Über- und Unterforderung – differenziere ich genug?
- Beschuldige ich manchmal pauschal die ganze Klasse?
- Bin ich klar und eindeutig in meinen Aussagen, setze ich Grenzen und halte sie ein – wie ist grundsätzlich mein Klassenführungsstil?

So wie ein bestimmtes Verhalten und Äußerungen von Erwachsenen Mobbing begünstigen können, wirken umgekehrt Zugewandtheit und Kommunikation auf Augenhöhe präventiv – kurz: ein wertschätzender Umgang.

Was können Eltern tun?

In der Regel können Eltern Mobbing-Handlungen, die sich gegen ihr Kind richten, nicht direkt selbst beobachten. Sie können jedoch Anzeichen dafür wahrnehmen.

Folgende Verhaltensänderungen, auch als Signale bezeichnet, könnten auf Mobbing hindeuten: Das Kind

- zieht sich zurück, ist still, wirkt bedrückt und/oder ängstlich, kommt häufig weinend von der Schule nach Hause.
- leidet unter ständiger Unruhe, wirkt nervös, zeigt plötzliche, scheinbar aus dem Nichts kommende, aggressive Verhaltensweisen.
- verändert sich körperlich, nimmt ab.
- weigert sich vehement, in die Schule zu gehen.
- zeigt immer häufiger psychosomatische Beschwerden wie Kopf- oder Bauchschmerzen.
- will zur Schule gefahren werden
- will nicht an Klassenfahrten oder sonstigen schulischen Aktivitäten teilnehmen.
- erhält keine Einladungen mehr zu Kindergeburtstagen, Partys etc.
- ist zunehmend isoliert, Freunde und Freundinnen ziehen sich zurück oder andere Kinder erzählen, dass das Kind, der Jugendliche immer alleine ist.

Um die eigenen Wahrnehmungen zu überprüfen, sind folgende Schritte hilfreich: Je nach Situation, Kontakten und Vertrauen, sollte man in erster Linie Klassenlehrkräfte ansprechen, des Weiteren Schulsozialarbeiter*innen, Schulsozialarbeiter oder auch Mitschülerinnen und Mitschüler des eigenen Kindes, zu denen ein gutes Verhältnis besteht. Man bespricht dabei ergänzende (oder ggf. auch gegensätzliche) Wahrnehmungen und erfragt weitere Beobachtungen bezüglich der Befindlichkeit des Kindes. Man sollte bei den Jugendlichen nicht gezielt nach Mobbing fragen, da unter diesen der Begriff generalisiert für alle möglichen Auseinandersetzungen genutzt wird und daher „besetzt“ ist. Außerdem würde dadurch die Situation, die man ja erst klären will, im Vorhinein schon etikettiert.

Wenn sich herausstellt, dass tatsächlich Mobbing vorliegt – also immer wieder die/der gleiche Schüler*in von einem attackierenden und diffamierenden Verhalten durch Mitschüler*innen betroffen ist und sich – bedingt durch die Übermacht und stillschweigende Akzeptanz – nicht selbst aus der Lage befreien kann, ist es in erster Linie Aufgabe von Eltern, ihrem Kind Unterstützung und Zuversicht zu vermitteln, dass das Mobbing beendet werden kann und es in keiner Weise schuldig ist. Gegebenenfalls ist es sinnvoll, therapeutische Hilfe zu suchen.

Das Mobbinggeschehen selbst sollte in der Schule beendet werden, also dort, wo es entstanden ist. Dadurch besteht die Chance, dass das betroffene Kind wieder gut in die Klasse integriert wird und alle Schülerinnen und Schüler erneut eine achtsame Beziehung zueinander aufbauen können.

Gründe, warum Kinder und Jugendliche oft nicht über Mobbing-Geschehnisse reden, können die Folgenden sein:

- Angst vor Verschlimmerung
- Normalitätsempfinden („So ist es immer“)
- Resignation („Es hat keinen Sinn, etwas zu sagen. Es lässt sich nicht ändern!“)
- Scham und Verdrängung
- Annahme oder Überzeugung, dass die Erwachsenen sowieso nicht helfen können
- Angst vor der Reaktion der Eltern
- Angst vor Schuldzuweisungen oder vor Ratschlägen, die man nicht befolgen kann
- Befürchtung, dass Aktionen der Eltern eine Verschlechterung der Situation herbeiführen

Es gibt inzwischen mehrere Ratgeber und Internetportale für Eltern, die einen Überblick zum Mobbinggeschehen und seiner Entwicklung in der Schule geben sowie Ratschläge zu unterstützenden Verhaltensweisen von Eltern im Lösungsprozess bis hin zu Maßnahmen, die für ein von Mobbing betroffenes Kind als individuelle Unterstützung ergriffen werden können.

Um einer erfolgreichen Bearbeitung der Mobbingsituation eine Chance zu geben, haben sich folgende Verhaltensweisen von Eltern als hilfreich erwiesen:

- Parallel zum Interventionsprozess kein weiteres Konfliktfeld „aufmachen“, durch gut gemeinte Gespräche untereinander, Ratschläge oder gegenseitige Anklagen.
- Kein Be- oder Verurteilen einzelner Schülerinnen und Schüler zu erkennen geben.
- Eigene Konflikte unter Eltern oder mit der Klassenlehrerin, dem Klassenlehrer zu Gunsten der Kinder hintanzustellen; danach aber aktiv an Lösungen zu arbeiten.

Mobbing beenden – der No Blame Approach

„Beende das Mobbing, gib ihnen Fertigkeiten, wenn sie sie benötigen! Stärke sie, damit sie gut sein können!"

George Robinson und Barbara Maines

Für die Intervention bei Mobbing gibt es mittlerweile einige Konzepte. Hinsichtlich ihrer Grundstrategie lassen sich zwei Ansätze unterscheiden: Systemische Unterstützer-Gruppen-Strategien und Konfrontationsstrategien. Die Unterstützergruppen-Strategien differenzieren sich wiederum in solche, die in erster Linie die Hilfe für das betroffene Kind oder andererseits die ganze Schule im Fokus haben, um Mobbing zu beenden und gleichzeitig einen Lernfortschritt zu erzielen.[111]

Nachfolgend stelle ich exemplarisch einige Ansätze vor, die unterschiedliche Strategien verfolgen. Es gibt inzwischen zahlreiche Varianten, auch mit teilweise spezieller Ausrichtung wie beispielsweise ausschließlich auf Cyberbmobbing bezogene Strategien, sodass die Aufzählung nur der groben Orientierung dienen kann.

Olweus Bullying Präventionsprogramm (OBPP)

Das von Olweus 1983 vorgestellte Interventionskonzept legt seinen Schwerpunkt auf präventive Maßnahmen und ist auf die gesamte Schule ausgerichtet. Hauptziel des Konzepts ist, die bestehende Problematik zwischen Mobbingakteurinnen und

111 Werner 2015, S. 24.

-akteuren und Betroffenen sowohl innerhalb als auch außerhalb des Schulkontextes zu mindern und der Entwicklung von neuen Problemen entgegenzuwirken. Dies bezieht sich sowohl auf direkte als auch indirekte Gewalthandlungen und kann daher auf alle Arten von Gewalt im Schulkontext angewendet werden.[112]

Kiusaamisen Vastainen – Gegen Mobbing (KiVa)

KiVa ist ein forschungsbasiertes, lizensiertes Schulentwicklungsprogramm, das in den 2000er Jahren an der Universität Turku in Finnland entwickelt wurde und vom Staat finanziert wird. Auch dieses Konzept richtet sich an die gesamte Schulgemeinschaft. Es basiert auf Untersuchungen, die belegen, dass sogenannte „Bystanders“ (es ist die Rolle der Zuschauenden im Mobbingsystem gemeint) eine wichtige Rolle im Mobbingprozess einnehmen, indem sie Mobbingverhalten aufrechterhalten oder verringern können.[113] Es zielt darauf ab, positiv auf Gruppennormen unter Schülerinnen und Schülern einzuwirken und alle Schülerinnen und Schüler zu ermutigen, gegen Mobbinghandlungen einzuschreiten und Betroffene zu unterstützen. Es wird mittlerweile in fast allen finnischen Einheitsschulen und vielen weiteren Ländern angewendet und regelmäßig evaluiert.[114]

Die Farsta-Methode

Sie richtet sich direkt an die Mobbingakteurin, den -akteur und zählt daher zu den konfrontativen Ansätzen. Diese Methode wurde in dem gleichnamigen Stadtteil Stockholms an einer dortigen Schule von einem Team um Karl Ljungström entwickelt. Das Ziel der Farsta-Methode besteht darin, klare Grenzen zu ziehen, die verständlich machen, dass Mobbing an der Schule nicht geduldet wird. Die Mobbingakteurin, der Akteur wird direkt mit ihrer/sei-

112 Olweus 2006.

113 Schenk/Böhmer/Steffen 2020.

114 Ebd.

ner Tat konfrontiert und intensiv befragt (auf Schuldzuweisungen wird dabei jedoch verzichtet). Es geht im Wesentlichen um die Einhaltung der Grenzen und Regeln, die im Vorfeld aufgestellt wurden. Bei Nichteinhaltung werden entsprechende Konsequenzen gezogen.[115]

Der No Blame Approach (NBA)

Der No Blame Approach[116] ist ein lösungsorientierter Interventionsansatz, der auf Klassenebene ansetzt, eine Schülergruppe als Unterstützergruppe in die Intervention mit einbindet und den Schutz der von Mobbing betroffenen Schülerin, des Schülers klar in den Mittelpunkt stellt. Er ist also ebenfalls ein systemischer Ansatz. Die Besonderheit und gleichzeitig große Herausforderung dieses Ansatzes besteht darin, dass ohne Schuldzuweisungen und Bestrafungen gearbeitet wird. Barbara Maines und George Robinson entwickelten ihn Anfang der 90er Jahre in England.[117] In Deutschland ist er seit etwa 2002 im Einsatz.[118]

Laissez-faire, Gespräch, Relegation oder Strafmaßnahme?

In der Praxis besteht an Schulen nach wie vor ein hoher Aufklärungsbedarf zum Thema Mobbing an sich sowie zu entsprechenden Interventionsmöglichkeiten, auch wenn sich die Einstellung von Lehrkräften hinsichtlich der Notwendigkeit, bei Mobbing einzuschreiten, geändert hat.[119] Eine Laissez-faire-Haltung, die das Problem bagatellisiert und als Entwicklungsaufgabe unter Schülerinnen und Schülern missversteht, ist sehr viel weniger zu finden als noch in den 90er Jahren, in denen teilweise die Brisanz dieser Gewaltform gar nicht gesehen wurde. Allerdings wird in der Regel die Häufigkeit, mit der Kinder und Jugendliche von Mobbing betroffen sind, unterschätzt.[120]

115 Schubarth 2010.

116 Engl. „no blame", dt.: keine Schuldzuweisung.

117 Caesar/Mölders 2016.

118 Ebd.

119 Käser/Röhr-Sendlmeier/Heinemann 2018, Bildung und Erziehung, 71 (1), S. 75.

120 Ebd., S. 82–83.

Vermehrt tendieren Lehrerinnen und Lehrer seit einigen Jahren zu autoritätsbasierten Lösungen, die sich meist im Rahmen von Ordnungs- und Strafmaßnahmen abspielen, nachdem erfolglose Einzelgespräche mit Mobbingakteurinnen und Akteuren vorangegangen sind oder Gruppen- und Klassengespräche stattgefunden haben.

Schauen wir einmal genauer auf das Szenario, in einer akuten Mobbingsituation mit der ganzen Klasse ein klärendes Gespräch zu führen. Mit dem Wissen im Hintergrund, dass sich Mobbing in einem festen Rollengefüge, welches die ganze Klasse umfasst, abspielt, muss dieses Vorhaben von Vornherein zum Scheitern verurteilt sein, schlimmstenfalls kann die bestehende Situation dadurch sogar noch angefeuert werden. Mobbingakteur*innen haben in einer manifesten Mobbingsituation längst die Oberhand in der Klasse gewonnen. Die Rollen sind etabliert und die Einschüchterung der „Zuschauenden" (auch wenn es viele sind) klappt perfekt. Wenn Lehrer*innen in der gesamten Klasse die Situation thematisieren, können sie dies nur ganz allgemein oder sie müssten das von Mobbing betroffenen Kind in gewisser Weise vor der ganzen Klasse bloßstellen. In beiden Fällen können Akteurinnen und Akteure in der Anonymität der ganzen Klasse untertauchen. Spricht man sie direkt an und konfrontiert sie mit ihren Handlungen, nutzen sie diese „Bühne", um sich durch Rechtfertigungsstrategien weiter zu profilieren, niemand wird ihnen widersprechen, denn die das Mobbing stabilisierenden Faktoren wirken besonders sicher im Gros der Masse. Assistentinnen und Assistenten werden ja schon von Anfang an in den Aktionsrahmen von Akteuren einbezogen, um die Schikanen abzusichern und die eigene dominante Stellung zu festigen; sie halten sich also im Klassengespräch ebenfalls bedeckt oder geben allenfalls noch Rückendeckung. Schülerinnen und Schüler, die Mobbing ablehnen, trauen sich nicht, etwas zu sagen. Die für alle sichtbare Schutzlosigkeit der/des von Mobbing Betroffenen, führt ihnen eine Situation vor Augen, in die sie auf keinen Fall geraten wollen. Sie sehen aber auch keinen anderen Weg, aus der verfahrenen Situation herauszufinden, daher schweigen sie.[121]

Auch Einzelgespräche mit dem von Mobbing betroffenen Kind ändern nichts an der Tatsache, dass es gegen die Übermacht der Akteurinnen und Akteure und deren Mitspielerinnen und Mitspieler keine Chance hat, und von der schweigenden Mehrheit der Klassenmitglieder nach wie vor keine Unterstützung bekommt.[122]

Nach einiger Zeit des Versuchs, Mobbing in den Griff zu bekommen, kapitulieren an dieser Stelle viele Lehrerinnen und Lehrer vor dem Problem.

Als gängige und übliche Lösung wird dann oft der Weg eingeschlagen, das von Mobbing betroffene Kind aus der Klasse zu nehmen, oder dieses verlässt die Schule aus eigenem Antrieb. Diese Maßnahme sollte aber nur in extremen Ausnahmefällen und einzig und allein zum Schutz der/des Betroffenen praktiziert werden.

Die gelernte Lektion ist für alle Beteiligten eine falsche:

- **Die/Der Betroffene lernt:** Weggehen ist die einzige Möglichkeit, entwürdigende Angriffe und Erniedrigung (und seien sie noch so ungerecht) abzuwehren beziehungsweise ihnen nicht weiter ausgesetzt sein zu müssen.
- **Die Akteurin, der Akteur lernt:** Mobbing ist ein Weg, sich Ansehen zu verschaffen und jemanden loszuwerden. Regeln des Umgangs miteinander und Fairness haben hier keine Geltung.
- **Die Klasse lernt:** Gegen Mobbing kann man nichts machen.

Die Folge ist, Mobbing wird weitergehen, eine andere Schülerin, ein anderer Schüler wird betroffen sein.

Auch die Schulrelegation von Akteurinnen und Akteuren sollte nur das letzte Mittel der Wahl bei Mobbinggeschehnissen sein, auch im Falle solcher Ereignisse, die mit schwerwiegender

121 Caesar/Mölders 2016.

122 Blum/Beck 2016.

Gewalt einhergegangen sind. Dadurch können bei Akteurinnen und Akteuren meist weder Einsichten noch Verhaltensänderungen angestoßen werden.

Mobbing muss weder als Katastrophe gesehen noch totgeschwiegen werden. Durch eine geeignete Intervention kann die ganze Klasse lernen, dass es konstruktive Wege aus Sackgassen gibt und Mobbing kein akzeptables Mittel zur Durchsetzung persönlicher Ziele ist.

Der No Blame Approach (NBA)

Dieser systemische Unterstützergruppen-Ansatz trägt ein großes Potenzial in sich, Mobbing nachhaltig aufzulösen und der ganzen Klasse ein wertschätzendes Miteinander zu ermöglichen.[123]

Er richtet sich konsequent nach vorn. Ebenso wie keine Schuldzuweisungen erfolgen, wird auch auf eine Untersuchung der Tathergänge, der Motive, sprich ganz auf Einzelgespräche mit Akteurinnen oder Akteuren sowie auf Gespräche auf Klassenebene verzichtet.

Die Urheber dieses Interventionsansatzes Barbara Maines und George Robinson hatten in ihrer Arbeit mit verhaltensauffälligen Kindern und Jugendlichen in England beobachtet, dass diese in konfrontativen Gesprächen eher in die Rechtfertigung gingen und insgeheim Rache schworen. Die Folge war meist, dass die Gewalt- und Mobbingdynamik dadurch weiter aufgebaut wurde und verstärkt in unkontrollierten Räumen agiert wurde. Diese Problematik erhält beim Phänomen Cybermobbing noch eine erhöhte Brisanz.

Anderseits stellten sie fest, dass lösungsorientierte Vorgehensweisen, die die Zukunft der Beziehung im Blick hatten, fruchtbar waren.[124]

123 Bund für Soziale Verteidigung 2008, S. 5ff. – Der Bund für Soziale Verteidigung e.V. veröffentlichte 2008 eine Evaluationsstudie zur Anwendung des No Blame Approach an Schulen. Das Institut „fairaend“ in Köln führte im Auftrag des Bundes für Soziale Verteidigung e.V. von 2007 bis 2008 die Datenerhebung mittels Fragebogen und Interviews durch. Ermittelt wurden 220 Mobbing-Fälle, in denen der No Blame Approach angewendet wurde. In 192 Fällen (87,3 Prozent) wurde Mobbing durch die Anwendung erfolgreich gestoppt.

124 Blum/Beck 2016.

Lösungsorientierte Vorgehensweisen: die Zukunft der Beziehung im Blick

Viele Jugendliche schaffen es nicht, sich abzugrenzen. Sobald sie sich von anderen Jugendlichen provoziert fühlen, steigen sie sofort in die Eskalationsspirale ein. Im harmloseren Falle kommt es zu verbalen Beleidigungen und Bedrohungen, im härtesten Falle zu einer Schlägerei und zu Körperverletzungen. Grundsätzlich sollte man aber zwischen Motiven und Ursachen unterscheiden. Während das Motiv als unmittelbarer Auslöser verstanden werden kann, sitzt die Ursache oft viel tiefer, sie ist also wiederum der Grund für das Motiv. Erfahrungsgemäß sind Frustration, Orientierungslosigkeit, Gefühlsverletzungen, Angst, Unsicherheit oder empfundene und erfahrene Ungerechtigkeit, ein häufiges Motiv, welches in der Folge ein aggressives Verhalten auslöst. Tiefergehende Ursachen dafür können beispielsweise durch zu wenig Aufmerksamkeit seitens der Eltern oder des gesamten Umfelds bedingt sein. Maßregelt man ausschließlich und bestraft, verstärkt man unter Umständen die Motive, da zu den tiefer liegendenden Ursachen beziehungsweise Bedürfnissen kein Zugang gefunden wurde. Die gewalttätigen Handlungen verstärken sich. Zukunftsorientiert in solchen Situationen Lösungen zu finden, bedeutet, ins Gespräch zu kommen. Wenn es gelingt, sehr persönliche und vertrauensvolle Gespräche zu führen, kann man oft etwas von großen innersten Nöten und Ängsten erfahren. Ein Schulsozialarbeiter berichtet: „Mit einem Jungen hatte ich einmal folgende Situation, dass er in einem Gespräch über sein Verhalten sagte, dass er keine Freunde bräuchte. Ich sagte ihm, dass ich denke, dass er sehr wohl Freunde nötig hätte und sich diese wohl sicherlich auch sehr wünscht – aber er durch sein Verhalten nie und nimmer Freunde finden kann.“ Er brach daraufhin in Tränen aus, denn das war genau der Punkt. Er wollte gar nicht so sein – sondern wollte echte Freunde haben.

Die lösungsorientierten aufeinander aufbauenden Interventionsschritte des No Blame Approach beschreiben einen konstruktiven Weg aus der destruktiven Situation bei Mobbing und ermöglichen gleichzeitig eine intrinsisch motivierte Verhaltensänderung für alle Beteiligten. Es wird dabei die Perspektive des Zusammenspiels aller Mitglieder der Klasse im Mobbing-Geschehen eingenommen. Die Aufmerksamkeit richtet sich ausschließlich auf die Veränderung ins Positive.[125]

Kleine Verhaltensänderungen mit großer Wirkung

Bei lösungsorientierten Herangehensweisen wird davon ausgegangen, dass auch kleine Veränderungen im Verhalten einzelner Menschen erhebliche Veränderungen aller Beteiligten hervorrufen können. Was bedeutet das? Statt nach Ursache und Wirkung zu suchen, wodurch unser Alltagsdenken normalerweise geprägt ist (Wer hat Schuld? Was hat wer, wann und wieso getan?), wird zirkulär in Zusammenhängen gedacht. Auf die Klasse bezogen heißt das, dass jedes Verhalten der Schülerinnen und Schüler untereinander sowie auch das Verhalten der Lehrkräfte aufeinander wirken. In einer manifesten Mobbing-Situation stabilisieren sich die negativen stereotypen Rollenstrukturen, in die die Einzelnen hineingeraten sind, gegenseitig. Bleibt man ausschließlich beim Bestrafen, Reglementieren oder Ausweichen und Vermeiden – also im Negativen – wirkt das eher das Mobbingsystem erhaltend, wie die bisherige Erfahrung gezeigt hat. Wendet man den Blick vom defizitär auf die Vergangenheit gerichteten Beurteilen ab und richtet ihn stattdessen positiv in die Zukunft – auf die Ressourcen im System, auf all die vielen vorhandenen und auf Entwicklung wartenden sozialen und persönlichen Fähigkeiten der Schülerinnen und Schüler – bildet sich die Basis für neue Ideen, für veränderte Verhaltensweisen, und es können Beziehungen neu geknüpft und wiederbelebt werden, die der Mobbingdynamik diametral entgegenstehen und sie letztendlich aufzulösen vermögen.[126]

125 Rademacher/Altenburg-van-Dieken/Beck/Blum/Fertsch-Röver 2011.

126 Blum/Beck 2016, S. 60–67.

Diese Vorgehensweise ist auch deshalb hilfreich und sinnvoll, weil Kinder und Jugendliche (wie auch Erwachsene), die ungünstige Erfahrungen mit Menschen gemacht haben, sich immer wieder selbstbestärkende Erfahrungsräume suchen, in denen beispielsweise eine negative Erwartungshaltung bezüglich Beziehungen bestätigt wird. Dadurch werden Verhaltensmuster internalisiert und manifestieren sich in der Klasse als destruktive Gewohnheiten. Lehrer*innen müssen also, um Veränderungen zu bewirken, neue Erfahrungsräume schaffen, in denen gute, auf Wertschätzung basierende Beziehungserfahrungen gemacht werden können. Diese verknüpfen sich dann mit intrapersonalen, positiven Beziehungserlebnissen – auch wenn sie schon länger nicht mehr gemacht wurden. So „kann sich niemand so richtig dagegen wehren, wenn er plötzlich erlebt, dass etwas möglich ist, was er tief in seinem Inneren bisher immer schon geahnt hatte."[127]

Dieser Verzicht auf Schuldidentifizierung und Sanktionen macht für viele die Faszination dieses Ansatzes aus, ist aber zugleich eine große persönliche Herausforderung für diejenigen, die ihn durchführen wollen.

Voraussetzungen für die Anwendung des No Blame Approach

Auch wenn Mobbing aufgrund der beschriebenen asymmetrischen Gewaltsituation und des systemischen Kontextes keinesfalls mit üblichen Methoden der Streitschlichtung allein unter Schülerinnen und Schülern behandelt werden sollte, so ist doch eine mediative[128] Grundhaltung nicht nur hilfreich, sondern eine der Voraussetzungen für den Erfolg. Gesprächsführende des No Blame Approach sollten daher grundsätzlich von der Überzeugung geleitet sein, dass Eigenverantwortung zu übernehmen und für die Folgen des eigenen Handelns einzustehen für Schülerinnen und Schüler im Interventionsprozess zielführend ist. Dabei geht es auch darum, ihnen die unbedingte Zuversicht zu vermit-

127 Hüther 2015, S. 61.

128 Gemeint sind die Grundlagen der Mediation (Vermittlung in Konflikten), nicht zu verwechseln mit Meditation.

teln, dass sie den Schlüssel für diese Veränderung der Situation ins Positive selbst in der Hand halten.

Genau hier setzt der No Blame Approach mit seinem Unterstützergruppen-Modell an, denn alle Schülerinnen und Schüler, unabhängig von der Tatsache, welche Rolle sie im Mobbingprozess eingenommen haben, verfügen ja trotz ihres Verhaltens über Ressourcen zur Lösung und Potenziale, die Situation ins Gute zu verändern. Genau das ist der Schatz, den es zu heben gilt. Diese Sicht impliziert, den Schülerinnen und Schülern zuzugestehen, dass sie grundsätzlich über die Fähigkeiten und die Kraft verfügen, ihre Probleme zu lösen. Denjenigen Schülerinnen und Schülern, die Mobbing beobachtet, geduldet, verschwiegen und daran gelitten haben, ein aktives, couragiertes Handeln im Rahmen einer Unterstützergruppe zu ermöglichen, bildet dabei einen zentralen Wendepunkt. Der Verzicht auf Schuldzuweisung öffnet gleichzeitig einen Raum auch für Mobbingakteurinnen und -akteure, ihr Handeln real verändernd in dieser Gruppe einbringen zu können.

Von dieser positiven Grundhaltung getragen werden durch den Lösungsprozess zur Bewältigung der akuten Mobbingsituation gleichzeitig präventiv Kompetenzen für einen respektvollen Umgang miteinander erworben, an denen man in der Klasse später weiterarbeiten kann.

Herzstück des No Blame Approach: die Vorbildfunktion der Lehrkräfte

Das Verhalten von Lehrkräften ist mit entscheidend für die Verfestigung oder die Auflösung von Mobbing, denn soziales Lernen läuft bei Kindern und Jugendlichen zu einem erheblichen Teil über die Orientierung an erwachsenen Vorbildern ab.[129] Lehrerinnen und Lehrer sind hierbei ganz eindeutig das Rollenmodell und es ist entscheidend, dass sie Respekt, Glaubwürdigkeit, Anerkennung und Interesse auch leben, beziehungsweise sich entspre-

129 Jannan 2010.

chend verhalten sowie an der persönlichen, inneren Autorität arbeiten, sie zeigen und sie ausstrahlen.

Erwachsene können sich immer neue Maßnahmen überlegen, um Heranwachsenden soziales Verhalten beizubringen – sollten wir uns nicht stattdessen eher Gedanken über unsere Wirkung machen? Was haben wir als Erwachsene für einen Umgang miteinander, welche Beziehungskultur pflegen wir, welche Werte prägen uns? Ein junger Mensch verinnerlicht, wie Lehrerinnen und Lehrer mit ihm und anderen Mitmenschen umgehen, nimmt auf, was sie vorleben. Ein gutes Vorbild abzugeben, setzt eine selbstreflektierte emotionale Souveränität des Erwachsenen voraus. So kann beispielsweise mit zunehmender Lebenserfahrung durchaus die Fähigkeit zur Lebensbewältigung (und auch Unterrichtsbewältigung) wachsen, trotzdem können dabei alte Grundeinstellungen und Lebensziele (auch pädagogische einmal gewonnene Einstellungen) erhalten bleiben. Selbstreflektiert an sich zu arbeiten kann heißen, diese unbewussten Einstellungen zu hinterfragen und zu überprüfen.

Wertschätzendes Beziehungsklima

Arbeiten Erwachsene im Kollegium sowie Schuleltern – bewusst oder unbewusst – gegeneinander, vielleicht sogar abwertend und vorwurfsvoll, beeinflusst dies unmittelbar das Verhältnis zu den Schülerinnen und Schülern sowie deren Beziehungen untereinander. Ebenso werden jedoch die positiven Auswirkungen auf die Schülerschaft schnell spürbar, wenn im Alltag auf eine konstruktive Kommunikation im Kollegium sowie mit Eltern geachtet und regelmäßig daran weitergearbeitet wird. Hier kann Konfliktfähigkeit vorgelebt werden.

Die langjährige Beziehungskontinuität zu ihren Schüler*innen in der Klassenlehrerzeit sowie das Erziehungsideal der Befähigung des jungen Menschen zum freien Handeln, eigenen Urteilen und

Denken, bildet für Lehrer*innen an Waldorfschulen die Grundlage, die Verantwortung für die Qualität der Beziehungen authentisch zu übernehmen. Sie können mit ihren Schülerinnen und Schülern ein Beziehungsfeld, einen Möglichkeitsraum für gelingende Begegnung – für das Erleben von Resonanz entwickeln. Gerade in Augenblicken gemeinsam ausgehaltener Not, jenseits eines Entweder-oder und im Nichtwissen dessen, was sich zeigen will, entsteht die notwendige Offenheit für heilende Wandlungsprozesse. Größtmögliche Freiheit in der Begegnung anzustreben, in der ein Anderer als Anderer im Sowohl-als-auch erkannt und respektiert werden kann, gleichzeitig aber auch Nähe und Verbundenheit entstehen, sollte diesen inneren Suchprozess prägen.

Die Beziehungs- und pädagogische Kompetenz von Lehrpersonen gestaltet dieses Lern- und Entwicklungsumfeld, auf das sich Schüler*innen nur dann innerlich vertrauensvoll einlassen können, wenn der Erwachsene authentisch und glaubwürdig ist. „Es scheint, dass alles Wahre sich wandelt und dass nur das sich Wandelnde wahr bleibt".[130]

Die Eckpfeiler für eine erfolgreiche Anwendung des No Blame Approach sind:

- Lösungsfokussierung anstelle von Problemorientierung
- Verzicht auf Schuldzuweisung und Bestrafung
- Vertrauen in die Lösungsfähigkeiten der jungen Menschen
- Begegnung auf „Augenhöhe" in der Übernahme der Verantwortung für den Lösungsprozess

Durchführung der Intervention

In der Schule wird der No Blame Approach in erster Linie von den Klassenlehrerinnen und Klassenlehrern durchgeführt. Ebenfalls gut geeignet sind Schulsozialarbeiterinnen und Schulsozialarbeiter, Fachlehrerinnen und Fachlehrer, beratende Lehrkräfte

130 Jung 2011.

sowie gegebenenfalls externe Fachkräfte. Er ist in allen Schulformen anwendbar und kann in einem breiten Altersspektrum – jeweils flexibel angepasst – eingesetzt werden. Am besten gelingt die Intervention im Team – zum Beispiel zwischen Klassenlehrkraft und Schulsozialarbeitenden.[131]

Die vorhergehenden Ausführungen haben deutlich gemacht, dass diese Interventionsmethode kein reines „Handwerkszeug“ ist, sondern an den durchführenden Erwachsenen einige Anforderungen stellt.

Selbstpositionierung, Haltung, Transparenz

Vor der Intervention *sollte eine Selbstprüfung erfolgen*: Manche Schilderungen der leidvollen Erfahrungen von Mobbingbetroffenen können Zuhörende selbst stark erschüttern. Heftige Emotionen wie Wut, Trauer oder eine Retraumatisierung durch eigene, in der Vergangenheit liegende Mobbingerfahrungen können auftreten. Aber auch im Umgang mit Akteurinnen und Akteuren geschieht es oft, dass man in starke Gefühle – etwa starke Ablehnung – gerät, und die Entwicklungsbedürfnisse der Heranwachsenden nicht mehr wahrnehmen kann. Abgelehnt werden sollte jedoch nur das destruktive Verhalten, nicht die Person an sich.

Die Klärung solcher Gefühle muss im Vorfeld erfolgen, damit man den Interventionsprozess ruhig und sicher führen kann. Kann man sich aus der eigenen Befangenheit nicht lösen, ist es besser, die Intervention in andere Hände zu geben.

Am Anfang der Intervention steht die deutliche Positionierung der Lehrerin, des Lehrers, das Mobbinggeschehen nicht hinzunehmen, sondern die Verantwortung für den Schutz vor jeglicher Form von Gewalt, welche die Schule grundsätzlich, gegenüber allen Schüler*innen hat, zu übernehmen.

131 Rademacher/Altenburg-van-Dieken/Beck/Blum/Fertsch-Röver 2011.

Es geht um eine konsequente Haltung, die signalisiert, dass man weiß, was vorgefallen ist, ohne dies im Detail anzusprechen. Dadurch werden Transparenz und Klarheit geschaffen, die das Mobbinggeschehen aus „Nebel und Dunkelheit“[132] herausholen. Man verwendet dabei weder zur Verdeutlichung der Situation noch in den Schritten der Intervention das Wort Mobbing, da dadurch lediglich eine Etikettierung durch ein Wort erfolgen würde, was unter Kindern und Jugendlichen als „Allroundbegriff“ verwendet wird, daher keinen fassbaren Inhalt hat und eher vom eigentlichen Geschehen ablenkt.

Das Gespräch mit dem oder der von Mobbing Betroffenen

Das Einstiegstor für die Intervention ist das Gespräch mit der von Mobbing betroffenen Person. In diesem Gespräch geht es um Einfühlung und Verständnis, aber auch um die Vermittlung von Zuversicht und Hoffnung in den Lösungsprozess, indem wir uns menschlich öffnen und uns dem betroffenen Kind oder Jugendlichen an die Seite stellen.

Zunächst ist es jedoch bei jüngeren Schülerinnen und Schülern wichtig, das Einverständnis der Eltern für die Durchführung einzuholen und sie über die Vorgehensweise zu informieren. Man bespricht dabei die Notwendigkeit, dass die Eltern ihr Kind unterstützen und Rückmeldung geben, wenn ihnen etwas auffällt oder Bedenken an irgendeiner Stelle aufkommen, und bittet sie, während der Intervention keine eigenen Maßnahmen zu ergreifen.

Das eigentliche Gespräch sollte dann in einem Setting geplant und durchgeführt werden, von dem der Rest der Klasse nichts mitbekommt, etwa nach dem Unterricht oder am Nachmittag. Es wird von einem Erwachsenen allein (in der Regel der Klassenlehrerin, dem Klassenlehrer) in der beschriebenen empathischen Haltung geführt. Bohrendes Nachfragen über alle vorgefallenen Situationen wird vermieden, auch wird nicht nach den genau-

132 Blum/Beck 2016, S. 66.

en Details des Mobbings gefragt – nur was sie, er von sich aus noch erzählen will und was für den Vertrauensaufbau nötig ist, kommt zur Sprache. In dem Gespräch muss allerdings deutlich werden, welche Schülerinnen und Schüler zur Mobbing-Situation (Akteure, Assistenten) beitragen, um konsequent vorgehen zu können. Alle weiteren Schritte hängen vom Einverständnis der/des Betroffenen ab. Das ist wichtig, um Betroffenen einen Weg aus ihrer Ohnmacht aufzuzeigen und sie in die Selbstwirksamkeit zurückzuholen.

Wichtige Aspekte sind:

- Die eigene Haltung als Angebot deutlich machen: „Ich verstehe deine Situation, so kann es keinesfalls weitergehen. Ich möchte dir einen Vorschlag machen, wie wir das beenden können."
- Die Schülerin, den Schüler entlasten: „Du musst nichts selber tun." – „Du musst bei dem nachfolgenden Gespräch mit den anderen nicht dabei sein." – „Ich kümmere mich um alles."
- Sicherheit geben: „Ich werde nichts tun, was dazu führt, dass X ärgerlich auf dich sein könnte." – „Niemand braucht zu befürchten, dass er oder sie bestraft wird, beziehungsweise Nachteile zu erwarten hat."
- Eigenes Interesse signalisieren: „Mir ist wichtig, dass du hier in die Schule kommen kannst und dich hier wohl fühlst." – „Jeder hat das Recht, ohne Angst zur Schule zu gehen, *auch du*."
- Durch behutsames Nachfragen verschafft man sich einen groben Überblick über die aktiv am Mobbing Beteiligten.[133]

Man entlässt die Schülerin, den Schüler mit der Zusicherung, dass sie/er sich jederzeit melden kann und vereinbart ein Nachgespräch.

133 Ebd., S. 100–102.

Unterstützung der Intervention: Schüler*innen als Expert*innen

Der zweite Schritt ist mit der Bildung einer Unterstützungsgruppe das Herzstück des Ansatzes. Das Hauptanliegen ist die Initiierung des Selbstheilungsprozesses der ganzen Klasse.

Diese Gruppe ist zu verstehen als Helfergruppe für den Erwachsenen, der die Verantwortung im Rahmen der Schule für die Intervention übernommen hat. Sie ist daher nicht gedacht als direkte Unterstützungsgruppe für die/den von Mobbing Betroffenen, denn innerhalb der Schule sind Erwachsene dafür verantwortlich, die Mobbing-Situation zu beenden. Da es – bedingt durch den systemischen Kontext und die Verborgenheit der Abläufe – für Lehrende allein nur schwer möglich ist, Mobbing zu beenden, ist die Hilfe von Schüler*innen notwendig und sinnvoll. Diese Gruppe bildet also ein „Expertengremium“ für die Lehrperson. Einbezogen werden müssen dabei unbedingt die Hauptakteurinnen und -akteure, da wir davon ausgehen, dass auch sie grundsätzlich bereit sind, ihr Verhalten zu ändern, wenn sie eine Möglichkeit sehen und ihnen ein Weg dahin aufgezeigt wird. Auch einige Assistentinnen und Assistenten sowie Schülerinnen und Schüler, die keine aktive Rolle beim Mobbing eingenommen haben, aber eine unterstützende Rolle bei der Lösung der problematischen Situation spielen können, werden dazu gebeten. Das Verhältnis sollte paritätisch sein. Optimal ist eine Gruppegröße von acht Kindern oder Jugendlichen. Die von Mobbing betroffene Schülerin, der Schüler ist nicht anwesend. Sie/Er wird durch den Erwachsenen quasi vertreten. Der Gruppe wird gleich zu Beginn verdeutlicht, dass die Hilfe für die einzelne Schülerin, den Schüler gleichzeitig der ganzen Klasse gilt, also letztendlich eine Win-Win-Situation ist.

Das Unterstützergruppen-Gespräch sollte vorher mit den Kolleginnen und Kollegen gut geplant werden, da es in der normalen Unterrichtszeit stattfinden muss, um dem Ganzen das nötige Gewicht zu geben und den Ernst der Sache zu betonen. Gleichzeitig sorgt man im Vorfeld für eine angenehme Atmosphäre, indem man einen geeigneten, eher gemütlichen Raum wählt mit Stuhlkreis und einem Tisch in der Mitte – wenn möglich stellt man ein paar Kekse oder Knabberkram bereit.

Der Gesprächsverlauf und seine Teilschritte

Erster Schritt: Begrüßung und Vorbereitung
Zunächst begrüßt man alle in der Runde, fragt kurz nach dem Befinden und weist anschließend darauf hin, dass im folgenden Gespräch die Regeln: *Zuhören* und *Ausreden lassen* gelten sollen. Nun wird das Problem dargestellt, ohne auf vertiefende Details einzugehen. Dabei wird darauf geachtet, dass keine Schuld zugewiesen oder Anklagen erhoben werden, sondern dass die Gefühle der/des von Mobbing Betroffenen im Vordergrund stehen. Dabei nimmt die Lehrperson eine stellvertretende Funktion für das von Mobbing betroffene Kind ein. Anhand der vorliegenden Situation wird die Situation in groben Zügen geschildert und anschließend werden, so anschaulich und einfühlsam wie notwendig, mögliche Gefühle der/des Betroffenen beschrieben. Die Schilderung mündet in die eigene Überzeugung und klare Positionierung, dass sich niemand wirklich wohl und sicher in der Klasse fühlen kann, wenn gewalttätige Übergriffe stattfinden, von denen jeder betroffen werden könnte.

Achtung: An dieser Stelle ist eventuell für das Team, welches das Gespräch führt, schon die erste Klippe zu meistern. Nach einem betretenen Schweigen können jetzt Verteidigungsversuche oder Schuldzuweisungen von Seiten der Akteurinnen und Assistenten gegen das betroffene Kind erfolgen. Hier gilt es, sich keinesfalls auf dieser Ebene in einen Machtkampf einzulassen, sondern einen Moment gewähren zu lassen und dann zurückzuführen auf das eigentliche Anliegen. Die Herausforderung dabei ist, nicht herablassend oder ärgerlich zu reagieren, sondern Respekt und Wertschätzung beizubehalten. Man kann dann beispielsweise sagen:

„Es geht gar nicht darum, dass wir aufdröseln wollen, was alles passiert ist und warum, ihr braucht euch also nicht zu verteidigen und ich will euch auch nicht bestrafen. Es geht mir darum, dass wir gemeinsam schauen, was wir tun können, dass es XY wieder gut geht und ihr euch alle in der Klasse wieder wohl fühlen könnt".

Zweiter Schritt: Individuelle Ressourcen wecken

Anschließend kann man überleiten zu dem nächsten Schritt. Dabei festigt man die Botschaft, dass die Schülerinnen und Schüler in der Intervention als hilfreiche Experten betrachtet werden, indem man persönliche Wertschätzung erkennbar werden lässt: „Felix, es freut mich, dass du meiner Bitte um Unterstützung nachgekommen bist, das wird uns sehr helfen, da du oft gute Ideen hast, die uns schon aus verzwicktesten Situationen herausgeholfen haben." Erfahrungen haben bestätigt, dass dies die Schülerinnen und Schüler enorm motiviert und eine wichtige positive Verstärkung darstellt. Auch hierbei ist es entscheidend, dass man sich im Vorfeld Gedanken gemacht hat und Eigenschaften wählt, die der eigenen Wahrnehmung tatsächlich entsprechen. Die Übung *Positiv formuliertes Sprechen* im Anhang/Praxisteil kann vorher hierbei behilflich sein.

Gemeinsam mit der Gruppe wird nun im weiteren Verlauf die eigentliche Intervention entwickelt. Dabei steht im Vordergrund, die Schülerinnen und Schüler selbst wirksame Lösungsmöglichkeiten herbeiführen zu lassen. Empathie und der Perspektivwechsel auf die Lösung markiert an dieser Stelle den zentralen intrinsischen Wendepunkt in ihrer Einstellung, der es ermöglicht, ihnen die Verantwortung für die Intervention am Ende des Gespräches zu übergeben. Eine kleine Übung zur Empathie kann an dieser Stelle (wenn nötig) Unterstützung leisten.

Dritter Schritt: Entwicklung eines Lösungsansatzes

Anschließend werden alle aufgefordert, Ideen einzubringen, die der betroffenen Schülerin, dem betroffenen Schüler helfen könnten, sich wieder sicher und wohl in der Schule zu fühlen.

Das geschieht mittels eines Brainstormings: Man bittet die Schülerinnen und Schüler, sich zwei bis drei Minuten Zeit zum Nachdenken zu nehmen (wichtig) und dann Vorschläge einzeln auf Karten zu schreiben, die auf dem Tisch bereitliegen. Diese Stillarbeitsphase soll nicht nur dazu beitragen, dass sich die Schülerinnen und Schüler konzentrieren können, sondern dient auch dazu, die Akteurinnen und Akteure des Mobbings aktiv einzubinden, denn keiner möchte am Ende mit leeren Händen dastehen. Die gesprächsführende Person verstärkt die Vorschläge positiv, bringt aber selbst keine Vorschläge ein und versucht den Gruppenmitgliedern auch keine Versprechen zur Verhaltensbesserung abzugewinnen, kann aber durchaus Anregungen geben, um den Schreibprozess anzustoßen. Grundsätzlich gilt: Weniger ist mehr. Es geht um die ersten kleinen Schritte der Veränderung und nicht um Wunder. Ruhe und Geduld sind an dieser Stelle die Geburtshelfer für den Weg des Umdenkens. Die Kinder und Jugendlichen dürfen sich dabei natürlich wechselseitig freilassend beraten. Aus dem gemeinsamen „Ideenpool“, der in der Mitte des Tisches ausgebreitet wird, sucht sich jede, jeder etwas heraus, was sie, er gerne übernehmen möchte. (Die Zettel müssen nicht mitgenommen werden, oft wird auch nicht danach gefragt. Jeder hat sich inzwischen so mit seiner Aufgabe verbunden, dass es eigentlich auch nicht nötig ist).

Abschluss

Zum Ende des Gesprächs wird der Gruppe deutlich gemacht, dass nun die Einzelnen selbst die Verantwortung haben, das Problem zu lösen. Jedes Mitglied der Gruppe wird mit Handschlag und vertrauensvoller Zuversicht verabschiedet.

Oft wird jetzt gefragt, was mit den anderen Klassenmitgliedern ist, ob man mit ihnen sprechen darf. Es ist einerseits nicht praktikabel Verschwiegenheit zu verabreden – andererseits hat es sogar einen positiven Effekt, wenn die Schülerinnen und Schüler, die begonnen haben, ihr Verhalten zu ändern, ihre Eindrücke und

Vorhaben durch „Weitersagen“ als positiven Schneeballeffekt in die Klasse hineintragen.[134]

Wichtige Aspekte:

- Begrüßung – Gesprächsregeln
- Situation darlegen
- Einzelne positive Eigenschaften benennen
- Eventuell Übung zur Förderung von Empathie
- Sammlung von Ideen und anschließende Entscheidung
- Übergabe der Verantwortung, Vereinbarung Nachgespräche
- Verabschiedung mit Handschlag

Nachgespräche

Circa ein bis zwei Wochen nach dem Gespräch mit der Unterstützergruppe folgen Nachgespräche. Diese werden mit allen Beteiligten nacheinander einzeln geführt, mit der/dem von Mobbing Betroffenen wird begonnen. Für dieses Gespräch sollte man sich ausreichend Zeit nehmen.

Die **Einzelgespräche** mit den Mitgliedern der Unterstützergruppe dauern pro Person meist nur fünf bis sieben Minuten. Diese Gespräche haben keine Kontrollfunktion, es soll lediglich festgestellt werden, wie und ob sich die Situation für die/den Betroffenen verändert hat. Diese Nachgespräche dienen dazu, ein Gefühl der Verbindlichkeit bei allen Beteiligten zu schaffen und zu verhindern, dass verletzende Handlungen wieder aufgenommen werden. In den Einzelgesprächen sind die Schülerinnen und Schüler eher bereit, offen zu sprechen und spüren ihre Verantwortung.

Ist das Mobbing beendet, sind gelegentliche Nachfragen ausreichend, um sichergehen zu können, dass die Intervention von Dauer ist. Ist das Problem jedoch noch nicht zufriedenstellend gelöst, sollte ein weiteres Treffen mit der Unterstützungsgruppe stattfinden und erneut nach Lösungen gesucht werden.[135]

134 Caesar, Mölders 2015, S. 49.

135 Blum/Beck 2016, S. 162.

Erfahrungen mit dem No Blame Approach

Der No Blame Approach ist besonders für das Altersspektrum zwischen neun und sechzehn Jahren geeignet. Aber auch in höherem Alter ist er anwendbar, da die drei Schritte situativ gut angepasst werden können. So kann in einer höheren Klasse beispielsweise der/die von Mobbing Betroffene mit zur Unterstützergruppe dazukommen und selbst seine Betroffenheit in diesem geschützten Rahmen formulieren. Auch für ein neu in eine Klasse eintretendes Kind könnte eine Unterstützergruppe quasi als Willkommensgruppe gebildet werden, um eine gute Integration zu ermöglichen. Wichtig bleibt, dass ein Erwachsener die Gesamtverantwortung übernimmt, die systemische Perspektive eingenommen wird und die beschriebene, lösungsorientierte Vorgehensweise, die auf Schuldzuweisungen verzichtet, eingehalten wird.

In einer Umfrage 2016 berichteten Lehrende und Schulsozialarbeiter*innen von ihren Erfahrungen mit der Anwendung des No Blame Approach an Schulen.[136]

Nachfolgend einige Äußerungen zur Frage nach der Wirksamkeit:

„Positive Veränderung der ganzen Klasse; die Jugendlichen fühlen sich ernstgenommen und erfahren Selbstwirksamkeit."

„Bei jüngeren Schülern können wir eine sehr gute Wirksamkeit verzeichnen, oftmals ergeben sich dadurch sogar neue Freundschaften."

Auf die Frage nach der Resonanz in der Schule:

„Schulsozialarbeit führt den NBA als einzige aus. Lehrkräfte, die Erfahrungen damit gemacht haben durch Einsatz in ihren Klassen sind sehr positiv gestimmt."

„Positive Rückwirkung auf Lehrkräfte hat das Auseinandersetzen mit der Haltung ‚keine Schuldzuweisung' und das benennen positiver Eigenschaften der ‚Akteure*innen'. Die Schuldigensu-

136 Fairaend 2016.

che ist noch sehr verankert in den Köpfen der Lehrer. Wenn ich die Vorgehensweise des NBA vorschlage, bekomme ich allerdings volle Unterstützung und die Schuldigensuche wird eingestellt."

„Die meisten Kollegen sind einfach nur froh, wenn ich mich um Mobbingfälle kümmere, egal wie ich vorgehe. Die Kollegen, die sich für die Vorgehensweise interessieren, finden den Ansatz gut und unterstützen mich auch."

„Viele Kollegen nehmen nicht wahr, dass wir mit dem No Blame Approach arbeiten beziehungsweise es ist ihnen gleichgültig."

Auf die Frage nach der Reaktion der Eltern:

„Eltern der Betroffenen wollen, dass Täter bestraft werden – ‚die brauchen das' –, Eltern der Akteure meinen: ‚Mein Kind hat nichts getan.'"

„Oftmals wollen die betroffenen Jugendlichen nicht, dass ihre Eltern davon erfahren. Je nach Hintergrund entscheiden die Lehrer*innen der Schüler*innen und ich dann, wie wir weiterarbeiten."

„Eltern waren nicht immer involviert, wurden informiert. Hier an der Grundschule setze ich den No Blame Approach schon sehr früh ein, teilweise noch bevor tatsächlich ‚klassisch' gemobbt wird."

„Es fällt auch immer noch vielen Eltern schwer, sich vollkommen zurückzuhalten und ihren Kindern zuzutrauen, dass sie letztendlich doch fair und tolerant miteinander umgehen wollen und auch können."

Auf die Frage, wie die Beteiligung und Mitarbeit der Unterstützergruppe war:

„Die Schülerinnen und Schüler waren beeindruckt, dass ich sie um Unterstützung bat, und bemühten sich, mir zu helfen. Wenn die Akteure bereits durch die Schule bestraft wurden, waren sie sehr zurückhaltend, misstrauisch und ablehnend. In einem Fall haben sich Eltern eingemischt und es abgelehnt, dass ihr Kind mir hilft. Dadurch verschlimmerte sich die Situation."

„Die Akteur*innen wissen, dass sie nicht richtig handeln und nehmen gerne die Gelegenheit wahr, anders zu handeln, nachdem vor allem klar war, dass es nicht ums Bestrafen geht und ich ja ihre Unterstützung brauche."

„Die Akteur*innen sind meistens positiv überrascht, dass sie nicht ‚abgestraft' werden und beteiligen sich deswegen gut. Meistens reicht ihre Einbeziehung aus, um sie von weiteren ‚Mobbing-Vorkommnissen' abzuhalten."

„Der Fall, wo das nicht geklappt hat, war schon zu verfahren/verfestigt!"

Es ging auch um die Frage, welche zusätzlichen Maßnahmen im Anschluss an die Intervention mit dem No Blame Approach zur weiteren Begleitung und Unterstützung der/des ehemals von Mobbing Betroffenen wie auch einzelner ehemaliger Akteur*innen durchgeführt wurden:

„Kurze Kontakte, die zeigen, ich ‚sehe' ihn und was geschieht."

„Noch heute, ein Jahr danach, spreche ich in unregelmäßigen Abständen das Kind an und erkundige mich nach dem aktuellen Iststand."

„Einzelne Akteur*innen hatten Probleme mit anderen Akteur*innen – diese wurden in Einzelgesprächen und Mediationen aufgegriffen."

Auch unsere eigenen Erfahrungen in unserem Institut – überwiegend im Kontext von Waldorfschulen – zeigen, dass der NBA, wenn er mit der dargestellten inneren Einstellung gegenüber den Schülerinnen und Schülern angewendet wird, durchgängig erfolgreich ist. Selbst in einem Fall, als in einer 13. Klasse (VK) eine Mobbingsituation vorkam.

PRAXISTEIL

Anwendung des No Blame Approach

Nachfolgend sind Gesprächsanleitungen als konkrete Hilfe zur Durchführung der beiden Gesprächssituationen – Einzelgespräch mit dem von Mobbing betroffenen Kind und Gespräch mit der Gruppe von Schülerinnen und Schülern, die den Erwachsenen in der Intervention unterstützen – eingefügt, ebenso die in den obigen Ausführungen erwähnte Übung sowie ein grundsätzlicher Plan zur Vorgehensweise bei Gewaltvorfällen in der Schule.

Es ist entscheidend, dass die ganze Schule eine gemeinsame Strategie entwickelt. Angefangen mit einem festgelegten Interventionskonzept über klare und für alle zugängliche Informationswege bis hin zu kommunizierten Ansprechpartnern.

Zunächst gilt es jedoch, das deutliche Signal zu setzen und beispielsweise in der Schulordnung schriftlich festzuhalten und dann auch dafür einzutreten:

- Wir akzeptieren an unserer Schule keine Mobbing-Aktivitäten.
- Wir bemühen uns stets um einen achtsamen, respektvollen Umgang miteinander.

Auch auf Klassenebene kann man mit den Schüler*innen gemeinsam eine Art Selbstverpflichtung gegen Mobbing und Cybermobing erarbeiten. Diese könnte wie folgt aussehen:

- Ich nehme meine Mitschüler so an, wie sie sind, und behandle sie so, wie ich selbst gerne behandelt werden möchte.
- Ich schikaniere niemanden wegen seines Aussehens, seiner Kleidung oder seinem Verhalten.
- Ich verbreite keine Gerüchte über meine Mitschülerinnen und Mitschüler und werde mich im Umgang mit digitalen Medien fair verhalten und nicht anonym oder unter falschem Namen das Ansehen meiner Mitschüler beschädigen.

Vorübung zum Unterstützergruppengespräch mit dem No Blame Approach

Positiv formuliertes Sprechen ist effektiv, weil es zielbezogen ist.

Wer seine Aufmerksamkeit auf Fehler lenkt, lenkt die Aufmerksamkeit seines Gegenübers automatisch in Richtung Vergangenheit. Dies wird meist als Anschuldigung erlebt und erzeugt Abwehr.

Bitte formulieren Sie die nachfolgenden Aussagen neu:	Als Satz formulieren:
Das negative Verhalten durch eine positive Eigenschaft ersetzen, die hinter diesem Verhalten auch vermutet werden kann.	„Ich denke/ich habe den Eindruck ... du bist, du kannst, du möchtest, du fühlst dich ...
Beispiel:	**Mögliche Eigenschaft:**
A ruft meist seine Antworten laut in den Unterricht rein, ohne sich zu melden	Ich denke du bist sehr interessiert an dem Thema und scheinst viele Ideen dazu zu haben
B redet extrem viel mit ihrer Banknachbarin	
C kann schwer aushalten, wenn ein anderer besser ist, mehr weiß ...	
D leidet sichtbar, wenn es einem Mitschüler schlecht geht	
F verbreitet regelmäßig negative Gerüchte über XY	

NBA-Leitfaden für das Gespräch *mit dem von Mobbing betroffenen Kind*

Im Rahmen des Gesprächs soll erreicht werden, dass der Schüler/die Schülerin

- Vertrauen entwickelt in Ihre Person, dass Sie helfen können
- sich sicher fühlen kann, dass sich die Situation im Anschluss an die Intervention nicht noch weiter verschlimmert
- Zuversicht gewinnt, dass an der Situation wirklich etwas geändert werden kann
- Entlastung und Erleichterung durch das geplante Vorgehen erfährt
- ein starkes Signal erhält: Ich bin nicht schuld! Hier ist jemand, der sich kümmert

Prozessschritt	Was zu beachten ist	Formulierungshilfe
VORBEREITUNG des Gesprächs	Das Gespräch findet in einem ruhigen, ansprechend gestalteten Raum statt. Die Peergroup erfährt nichts von dem Gespräch. Bereithalten: Papier und Stifte, Papiertaschentücher, Karte mit Telefon-Nr. des Lehrers	
BEGRÜSSUNG Vertrauensbildung	In dieser Phase geht es um den Vertrauensaufbau.	„Schön, dass du meiner Einladung gefolgt bist und bereit bist, mit mir über deine Belastung zu reden!" Das Gespräch, das wir hier führen, bleibt auf jeden Fall unter uns. Deine Mitschüler/innen erfahren nichts von diesem Gespräch!"
BEOBACHTUNG Mitteilen, Befindlichkeit erfragen	Hier sollte nach dem Befinden und nicht vorrangig nach Vorfällen gefragt und ggfs. immer wieder auf das Befinden zurückgekommen werden. Es geht darum, gut mit dem/der Schüler/in in Kontakt zu kommen und mehr darüber zu erfahren, wie es ihr/ihm in der Schule/Klasse geht. In den allermeisten Fällen werden Sie erfahren, dass es der/dem Schüler/in nicht gut geht, dass es Schwierigkeiten mit anderen gibt.	„Ich habe/Soundso hat beobachtet, dass du des Öfteren alleine bist/sehr still geworden bist/dass du des Öfteren fehlst/dass du traurig wirkst. Habe ich/haben wir das richtig beobachtet? Kann es sein, dass dich das doch mehr mitnimmt, als du zeigen magst?" ***Weiter Seite 114***

Prozessschritt	Was zu beachten ist	Formulierungshilfe
Einfühlsames NACHFRAGEN ERMUTIGUNG	Eine empathische Haltung ist hier wichtig, hilft der/dem Betroffenen, sich zu öffnen.	„Ich fasse mal zusammen, was ich verstanden habe." „Mit anderen Worten ... Verstehe ich das richtig, dass ...? „Ja, das verstehe ich gut."
NBA Unterstützer -gruppen-Ansatz erläutern, **EINVERSTÄNDNIS einholen**	Hier ergibt sich die Gelegenheit nachzufragen, ob die/der Schüler/in sich wünscht, dass es wieder anders und angenehmer in der Schule wird. Der NBA-Ansatz sollte hier kurz und prägnant erläutert werden. Es ist wichtig, deutlich zu machen, dass Sie einen Weg wissen, dem Kind zu helfen und Sie sich dafür einsetzen werden, dass sich die Situation zeitnah verbessert.	„Möchtest du, dass sich die Situation für dich verändert/verbessert?" „Ich möchte dir eine Vorgehensweise vorstellen, die anderen Schülern, denen Ähnliches passiert ist, sehr geholfen hat. Dann kannst du entscheiden, ob du dich auch drauf einlassen möchtest. Ich möchte es dir einmal kurz erläutern: Wir können eine Unterstützergruppe bilden, d.h. eine Gruppe von Mitschüler*innen einladen, mit der wir gemeinsam Ideen entwickeln werden, wie sich die Situation für dich verbessern kann und wie sich das auch in die Tat umsetzen lässt."
Potenzielle **MITGLIEDER** der Unterstützer-Gruppe ***Weiter Seite 115***	Unterstützergruppe zusammenstellen; 6–8 Personen; möglichst paritätisch Akteurinnen und Akteure, Schüler*innen aus der Rolle der Zuschauer*innen und sozial unterstützende Mitschüler*innen. Es hat sich als hilfreich herausgestellt, mit denjenigen zu beginnen, zu denen eine positive Assoziation besteht.	„Über das was alles genau vorgefallen ist, werden wir in der Unterstützergruppe nicht sprechen und es wird auch niemand angeschwärzt. Auch für diese Schüler*innen gilt: Ich werde nichts weitererzählen und ihnen droht keine Bestrafung. Kannst du dir das vorstellen? Hast du Fragen dazu?" „Dann lass uns mal zusammen überlegen, wer da in Frage käme. Wen hättest du gerne zur Unterstützung für dich dabei?" „Mit wem verstehst du dich ganz gut?" „Wer sind diejenigen, die dir Schwierigkeiten machen?" „Wer hilft dir?" „Gibt es noch andere, die wichtig sind und die du gerne dabeihättest?"

Prozessschritt	Was zu beachten ist	Formulierungshilfe
KLÄREN, was nicht erzählt werden darf	Hier empfiehlt sich auch ein kurzes Spiegeln – zusammenfassen, wahrgenommene Gefühle benennen –, um Missverständnissen vorzubeugen.	„Was sollte ich deiner Meinung nach nicht erzählen?" „Ich habe verstanden, dass ich das ... nicht erwähnen soll."
Befindlichkeit erfragen, **UNTERSTÜZUNG** zusichern		„Wie geht es dir jetzt nach dem Gespräch?" „Du kannst mich jederzeit ansprechen, falls du neue Probleme hast, oder wenn du mich über etwas informieren möchtest, aber auch, wenn du einfach das Bedürfnis hast, mit mir zur reden!"
Termin für **NACHGESPRÄCH** vereinbaren		„Ansonsten machen wir jetzt einen Termin aus, an dem du mir schildern kannst, ob und wie deine Situation sich verändert hat." „Ich schlage den ... vor!" „Einverstanden?"
Treffen nach der Intervention: Situation (Stand der Dinge) erfragen		„Wie geht es dir?" „Hat sich deine Situation verändert?" „Welche Probleme gibt es noch?"

(Gesprächsdauer dem Bedürfnis des jeweiligen Kindes anpassen)

No Blame Approach
NBA-Leitfaden für das Gespräch *mit der Unterstützergruppe*

(Gesprächsdauer max. 45 Min.)

Prozessschritt	Was zu beachten ist	Formulierungshilfe
VORBEREITUNG	Alle Beteiligten werden gleichzeitig eingeladen. Der Gesprächstermin und Ort wird vorher mit eventuell betroffenen Kollegen*innen abgestimmt, da es IN der Unterrichtszeit stattfinden sollte. Das unterstreicht die Wichtigkeit und den Ernst der Angelegenheit. Jüngere Schüler*innen kann man dann direkt vor Beginn der entsprechenden (reservierten) Unterrichtsstunde ansprechen; ältere Schüler*innen sollte man einen Tag vorher einladen. Das könnte man auch mit kleinen Briefchen, die man überreicht, machen. Der Grund wird im Vorhinein NICHT genannt. Das Gespräch findet in einem ruhigen, störungsfreien Raum statt – es könnte etwas zum „Knabbern" auf dem Tisch stehen.	„Ich bitte dich jetzt gleich (am ...) in den Raum XY zu kommen, um gemeinsam mit einigen anderen Schüler*innen aus eurer Klasse und mit mir eine wichtige Angelegenheit zu besprechen."
BEGRÜSSUNG *Weiter Seite 117*	Jede*n Einzelne*n mit Namen ansprechen, mit Handschlag begrüßen und bitten, sich in die Runde zu setzen.	„Schön, dass ihr alle gekommen seid (dass es mit allen geklappt hat), war es in Ordnung, dass ich euch aus dem Unterricht geholt habe?" „Mit euren Fachlehrer*innen habe ich das geklärt, ihr bekommt alle wichtigen Informationen für die Hausaufgaben o.ä." „Ich hatte ja schon erwähnt, dass ich ein Anliegen habe und ich werde auch gleich dazu was sagen.

Prozessschritt	Was zu beachten ist	Formulierungshilfe
SITUATION darlegen, Beobachtungen mitteilen, **BETROFFENHEIT** ausdrücken	Hier wird erstmals gesagt, um was es geht und um wen es sich handelt. Der Begriff Mobbing wird nicht erwähnt. Konkrete Vorfälle und Details werden nicht benannt – jegliche Schuldzuweisung (auch Abwesenden gegenüber) muss unterbleiben. Stattdessen drückt man die eigene Betroffenheit aus und den Entschluss, die Situation zu ändern. Deutlich darauf hinweisen, dass man weder herausfinden will, was passiert ist, noch bestrafen möchte, sondern gemeinsam Wege finden will, die Situation zu verbessern. Dadurch betont man wieder die Lösungsorientiertheit. An dieser Stelle können Beschuldigungen und Verteidigungsstrategien aufkommen. Man sollte dem kurz Raum geben und zuhören, aber auf keinen Fall darauf eingehen! Es gilt vielmehr, nochmals deutlich darauf hinzuweisen, dass man nicht herausfinden will, WAS passiert ist und auch niemand bestraft werden soll, sondern dass es darum geht, gemeinsam Wege zu finden, um die Situation zum Guten zu wenden.	„Ich mache mir seit einiger Zeit Sorgen um ..." „X will nicht mehr in die Schule kommen. Ich bin erschrocken darüber, dass sich jemand in unserer Klasse nicht mehr wohl fühlt." „Mir liegt es am Herzen, dass jeder gerne in die Schule kommt und sich in unserer Klasse wohl fühlt, deshalb habe ich euch gebeten mir zu helfen, für X wieder ein gutes Einvernehmen mit euch allen in der Klasse herzustellen." „Viele Dinge sind passiert, die nicht gut und für X sehr schwer zu verkraften waren. Das lässt sich nicht mehr ändern. Wir können aber gemeinsam gucken, was getan werden kann, damit es in Zukunft besser geht und wir alle miteinander respektvoll und fair umgehen." „Was denkt ihr? Sollen wir das mal versuchen?
POSITIVE EIGENSCHAFT, RESSOURCEN benennen *Weiter Seite 118*	Je eine POSITIVE EIGENSCHAFT der Einzelnen, die betont, warum man sie oder ihn zum Gespräch gebeten hat. (Das muss gut vorbereitet sein, da es Eigenschaften sein sollten, die man so bei dem/der Schüler*in auch tatsächlich erlebt. Schüler*innen haben ein gutes Gespür dafür, ob man nur eine Strategie verfolgt oder es ehrlich meint.) Dieses Vorgehen ist schon als erstes Signal zu verstehen, dass es jetzt um die Zukunft, um Lösungen geht.	„Ich möchte euch vorher sagen, warum ich diesmal gerade euch angesprochen habe. Ich kann diese Angelegenheit, die ja eigentlich uns alle in der Klasse angeht, nicht alleine lösen, ich brauche von einigen Schüler*innen Unterstützung. Nach einigem Überlegen erschien es mir wichtig, euch zusammenzubringen": • „Hans, dich habe ich gebeten dabei zu sein, weil mir aufgefallen ist, dass dein Wort in der Klasse etwas zählt. Wenn du etwas sagst, dann wird das ernst genommen." • „Anne, dich habe ich gebeten, weil ich den Eindruck habe, dass du dich leicht in andere hineinversetzen und deine Empfindungen sehr genau artikulieren kannst"

Prozessschritt	Was zu beachten ist	Formulierungshilfe
SAMMLUNG von Ideen ERMUTIGUNG *Weiter Seite 119*	BRAINSTORMING für (kleine) Unterstützungsangebote für die/den von Mobbing Betroffene*n. Alle Schüler*innen nehmen sich von den bereitliegenden Karten und schreiben ihre Vorschläge (ein Vorschlag pro Karte) auf. WICHTIG: Die kurze Einzelarbeit in der Stille trägt dazu bei, alle, auch die Mobbingakteure, mit „ins Boot" zu holen. Die Ideen sollten von den Schülern selbst kommen. Jede*r Einzelne sollte mindestens einen Vorschlag einbringen. Anschließend werden die Vorschläge vorgelesen. (Gerne können sich die Schüler*innen nach einem ersten Moment des eigenen Nachdenkens auch gegenseitig unterstützen und beraten. Auch der/die Lehrer*in kann anregen – die Ideen sollten aber von den Schüler*innen selbst kommen. Als Lehrer*in sollte man sich nicht verleiten lassen hier zu forcieren oder Vorschläge einzubringen, die man selbst schön, hilfreich oder notwendig findet. Kleine Dinge, die aber von Herzen kommen, reichen! Es geht um den ersten Schritt, sein Verhalten zu ändern – die Wirkung der kleinen Schritte.	„Also, ich würde euch vorschlagen, dass wir folgendermaßen vorgehen ..." „Was fällt euch ein, das ..., denkt mal einen Moment in Ruhe nach ..." „Jetzt bitte ich euch, dass jeder erstmal für sich Ideen dazu auf diese Zettel schreibt." **Aufgabenstellung:** Was würdest du selber gerne tun, damit es X in der Klasse wieder besser geht? „Bitte lest eure Vorschläge nun vor und legt sie in die Mitte auf den Tisch." (Bei sehr jungen Schüler*innen kann die/der Lehrer *in die Vorschläge ggf. selbst aufschreiben und anschließend vorlesen.)

Prozessschritt	Was zu beachten ist	Formulierungshilfe
ÜBERGABE der Verantwortung	An diesem Punkt ist eine entscheidende Schnittstelle zum Gelingen des Prozesses erreicht: Nämlich die ÜBERNAHME DER VERANTWORTUNG der Gruppe und aller Einzelnen für die UMSETZUNG der Veränderungsvorschläge! Jede*r sucht sich nun unter den Ideen eine oder mehrere aus, die er/sie durchführen möchte. Anschließend wird die Zuversicht ausgesprochen, dass alle ihre ausgewählten Vorhaben einlösen werden. Man bedankt sich für diese wertvolle Unterstützung. (Die Karten nimmt die/der Lehrer*in zu sich). Wenn Einzelne fragen, ob mit der übrigen Klasse darüber gesprochen werden darf, ist dagegen natürlich nichts einzuwenden. Eher positiv zu werten. Es werden nun noch die einzeln stattfindenden Nachgespräche angesprochen.	„Na, das sind ja tolle Vorschläge!" „Ich wusste, dass ich mich an die Richtigen gewandt habe." „Nun möchte ich euch bitten, dass jeder den oder die Vorschläge benennt, die er konkret in den kommenden zwei Wochen – jede*r für sich – bis zu unserem nächsten Gespräch tun möchte." „Danke für eure Unterstützung! Ich vertraue fest darauf, dass ihr das hinbekommt." „In zehn bis 14 Tagen möchte ich mich nochmal mit euch zu kurzen Einzelgesprächen treffen, um eure Einschätzung zu hören, ob es X besser geht." „Ich werde euch rechtzeitig ansprechen".
Verabschiedung	Mit Handschlag.	

Das NACHGESPRÄCH, zehn Tage bis zwei Wochen später dient der Unterstützung und Festigung (Nachhaltigkeit)! Keine Kontrolle!

„Wie ist es gegangen? Was ist dein Eindruck wie es X jetzt geht?"

Das Gespräch sollte maximal fünf bis zehn Minuten pro Schüler*in dauern.

In der Zusammenschau aller Nachgespräche kann beurteilt werden, ob die Mobbingintervention gelungen ist.

Wie weiter? – Gewaltprävention in der Schule

Ein alter Indianerhäuptling sitzt eines Abends am Lagerfeuer im Tipi mit seinem Enkel und erzählt ihm über seine Erfahrungen im Leben: Im Innern eines jeden Menschen gibt es zwei Wölfe, den weißen und den schwarzen Wolf. Beide ringen und kämpfen miteinander um die Vorherrschaft in uns und damit in der Welt und werden dies auch in Zukunft weiter tun.
Den einen Wolf nennen wir Menschen böse. Er ist voller Hass, eifersüchtig, egoistisch, gierig, überheblich, neidisch, schwach und voller Vorurteile.
Den anderen Wolf nennen wir Menschen gut. Er ist voller Liebe und Vertrauen, er ist großzügig, mitfühlend, verständnisvoll, mutig, selbstbeherrscht, gelassen und stark.

Der Enkel schaut nachdenklich in die züngelnden Flammen des auflodernden Feuers. Funken steigen auf und verlieren sich im Nachthimmel. Nach einer langen Weile fragt er seinen Großvater:
Und welcher der beiden Wölfe wird gewinnen, Großvater?
Und der alte Häuptling schaut ihn eindrücklich an und entgegnet:
Der wird letztendlich gewinnen, den du am häufigsten fütterst.

(Ursprung unbekannt)[137]

137 Frei wiedergegeben nach: Milling 2016.

Schulische Präventionsarbeit

Schulische Präventionsarbeit gegen Mobbing kann dauerhaft nur erfolgreich sein, wenn sie als Teil der kommunikativen Schulkultur von der Lehrerschaft als Ganzes gewollt ist und gemeinsam mit der Schüler- und Elternschaft umgesetzt wird. Der nebenstehende Wegweiser gibt eine erste Orientierung, in welchem Fall was zu tun ist.

Wie in den vorangegangenen Kapiteln dargestellt, ist die individuelle Förderung der Persönlichkeitsentwicklung von Schülerinnen und Schülern sowie die Weiterentwicklung der sozialen Gemeinschaft Schule insgesamt eine fächer- und klassenübergreifende Aufgabe aller Lehrerinnen und Lehrer sowie der Elternschaft. Dazu gehört die Stärkung des Vertrauens in andere und die Förderung von Kommunikations- und Interaktionskompetenzen, die gegenüber inhaltlichen Unterrichtszielen nicht hintangestellt werden sollten. In diesem Zusammenhang ist eine 2019/20 durchgeführte Studie der Humboldt-Universität Berlin interessant, die den Zusammenhang von sozial-emotionalen Fähigkeiten von Lehrkräften mit der sozial-emotionalen Entwicklung von Schülerinnen und Schülern in den Fokus nimmt. Denn auch im wissenschaftlichen Bereich hat sich im Laufe der Zeit die Erkenntnis durchgesetzt, dass sozial-emotionales Lernen (SEL) mindestens ebenso wichtig für Lebenserfolge ist wie akademische Leistungen. Das vorliegende Forschungsprojekt geht von der Hypothese aus, dass soziales Lernen effektiv verbessert werden kann, wenn der Schwerpunkt (bisher lag er bei den Schüler*innen) auf sozial-emotionale Fähigkeiten der Lehrkräfte verlagert wird, um qualitativ hochwertige Beziehungsklimas in Schulen zu initiieren.[138]

Auch wenn seit mehr als 20 Jahren eine wissenschaftliche Auseinandersetzung mit dem Phänomen Mobbing stattfindet und seither zahlreiche Publikationen erschienen sind, stehen Schulen häufig noch sehr am Anfang und es fehlen allen Beteiligten entsprechende Handlungsstrategien.[139]

138 Dietrich 2020/21. Theoretisch baut die Studie auf den Ansichten des Soziologen R. Crosnoe (2011) auf, der argumentiert, dass sozial-emotionales Lernen im Kontext positiver Beziehungsklimas automatisch stattfindet. Dabei betont er die entscheidende Rolle qualitativ hochwertiger Beziehungen zu primären Erziehungspersonen für die Entwicklung sozial-emotionaler Fähigkeiten.

139 Rademacher/Altenburg-van-Dieken/Beck/Blum/Fertsch-Röver 2011.

WEGWEISER – Intervention bei Mobbing und anderen Gewaltformen

1. BEOBACHTEN – AUFMERKSAM SEIN

Gewaltsituation wird direkt beobachtet

Unmittelbar intervenieren

Wahrnehmung von Veränderungen innerhalb der Klasse. bzw. bei einzelnen Schülerinnen und Schülern

Hinweise von Mitschülerinnen und Mitschülern, Lehrpersonen, Eltern, Schulmediator*innen etc.

2. ÜBERPRÜFEN DER VERDACHTSMOMENTE

„Mobbingbrille“ – Handlungen – Signale – Informationsquellen

NEIN

JA

5. PRÄVENTION

Mobbingverdacht bestätigt sich nicht – sensibel bleiben

Präventionsmaßnahmen einleiten bzw. fortsetzen: Schulkultur der Achtung und Toleranz weiterentwickeln, Klassengemeinschaft stärken, **vorhandene Konflikte konstruktiv lösen**

3. INTERVENTIONSPLANUNG

Schulleitung und **Eltern** informieren

Gesetzliche Rahmenbedingungen?

Evtl. **Elternabend/Vorgespräche**

Intervention: intern – extern?
Wer? Wann?

4. INTERVENTION

Durchführung der Intervention mit Hilfe des **No Blame Approach**

Überprüfen der **Nachhaltigkeit**

Eine nachhaltige Präventionsarbeitsarbeit gegen Gewalt kann jedoch dauerhaft nur erfolgreich sein, wenn sie als Teil der kommunikativen Schulkultur von der Lehrerschaft als Ganzes gewollt ist, zusammen mit der Schüler- und Elternschaft umgesetzt wird und im Zuge dessen entsprechendes Wissen und Kompetenzen erworben werden. Denn alle Kinder und Jugendlichen sollten in allen Bereichen ihres Lebens vor Gewalt geschützt werden.

Da Mobbing nach wie vor die häufigste Gewaltform an Schulen ist,[140] sollte der Fokus der Gewaltprävention vor allem auf diesen Bereich gelegt werden.

Möglichkeiten der Prävention

Die Möglichkeiten, präventiv gegen Mobbing vorzugehen, sind vielfältig und situationsbedingt.

Die Maßnahmen sollten dabei sowohl auf der Ebene der gesamten Schule oder Klasse als auch bezogen auf den einzelnen jungen Menschen ergriffen werden.

Auf individueller Ebene
geht es vor allem darum, soziales Lernen zu ermöglichen, indem die Schüler*innen einen guten Umgang mit Frustrationen, den eigenen Gefühlen sowie Gefühlen der Mitschüler üben und lernen, Meinungsverschiedenheiten auszuhalten sowie Konflikte gewaltfrei auszutragen.

Im Klassenzusammenhang
geht es darum, gemeinsame Werte herauszubilden, Kooperationsstrukturen, Verantwortungsbewusstsein und soziale Helfersysteme mit Schülerinnen und Schülern zu entwickeln und zu installieren, Klassenregeln zu finden, die im Zusammenhang mit dem Unterricht stehen sowie solche, die den respektvollen Umgang miteinander ermöglichen. Der No Blame Approach ist ein so flexi-

140 Jannan 2010, S. 44.

bler Unterstützeransatz, dass er durch kleine Abwandlungen auch beispielsweise als „Willkommensgruppe" für neu in die Klasse eintretende Schülerinnen und Schüler genutzt werden kann.

Auf Schulebene
geht es in erster Linie um entsprechende Schulregeln, aber auch um klassenübergreifende Zusammenarbeit.

Alle Maßnahmen können nur dann erfolgreich sein, wenn das Verhältnis zwischen Lehrer*innen und Schüler*innen vertrauensvoll ist. Lehrer (und auch Eltern) sind in der Präventionsarbeit der Dreh- und Angelpunkt. Sie sind Vorbilder und ihr Verhalten ist dementsprechend mitentscheidend für eine wertschätzende Umgangskultur.[141]

Studien haben gezeigt, dass Freunde meist die wichtigsten Ansprechpartner für von Mobbing Betroffene sind.[142] Hingegen würde nur jeder dritte Jugendliche seine Eltern oder Lehrerinnen und Lehrer – das gilt insbesondere für Cybermobbing – ins Vertrauen ziehen.

Die wichtige Funktion Gleichaltriger bei Cybermobbing

Eine repräsentative Befragung des Medienpädagogischen Forschungsverbundes Südwest kam zu dem Ergebnis, dass lediglich sechs Prozent der befragten 1.200 Schülerinnen und Schüler sich mit der Bitte um Hilfe an Lehrpersonen wenden würden.[143] Grund dafür ist die Befürchtung vieler Jugendlicher, dass Erwachsene nicht verstehen, was Cybermobbing bedeutet und eine Lösung darin sehen, den Zugang zu digitalen Medien zu reglementieren oder gar zu verbieten. Darüber hinaus konnte andererseits gezeigt werden, dass Jugendliche, die bei ihren Eltern oder Lehrerinnen und Lehrern Hilfe suchen und diese auch finden, weniger unter den negativen Konsequenzen von Cybermobbing leiden.[144]

141 Ebd.

142 Ebd., S. 38.

143 Feierabend/Plankenhorn/Rathgeb 2016 – JIM Studie 2016. (letzter Zugriff 30.7.2021).

144 Machmutow/Perren/Sticca/Alsaker 2012.

Abgesehen von der unterstützenden Rolle, die sie einnehmen können, sind Gleichaltrige grundsätzlich in aktiver oder passiver Art und Weise am Mobbinggeschehen beteiligt, da es sich – wie im Zusammenhang mit dem Entstehen von Mobbing dargestellt – um ein systemisches Geschehen handelt.

Wenn wir in diesem Kontext Cybermobbing noch einmal gesondert betrachten, so nehmen Gleichaltrige auch hier verschiedene Rollen ein: Die Rolle der/des Assistenten eines Cybermobbingakteurs oder die Rolle eines Verteidigenden oder als passive Zuschauer.

In der virtuellen Welt kann das bedeuten, dass beispielsweise eine Cybermobbingassistent*in dem/der Akteur*in aktiv beim Erstellen einer abwertenden Botschaft hilft, ein peinliches Video/Bild mit „Gefällt mir" kommentiert, eine eigene Bewertung schreibt, seinen Zuspruch direkt als Kommentar kundtut oder bestimmte Inhalte weiterleitet. Eine Cyberverteidigerin, ein Verteidiger der/des Betroffenen könnte hingegen „Gefällt mir" nicht anklicken, Unmut zu erkennen geben oder gewisse Inhalte melden, sei es bei Eltern oder Lehrpersonen, über den „Melde-Button" bei Webseitenbetreibern oder sogar bei der Polizei. Im Unterschied zu direktem Mobbing sind sogenannte „Cyberbystanders" meistens ja nicht direkt wahrnehmbar, sodass einerseits ein erhöhtes Potenzial für Verantwortungsdiffusion entsteht, anderseits kann aber bei ihnen auch der Mut und die Motivation einzuschreiten, größer sein.

Dank der Pionierarbeit von Christina Salmivalli wissen wir, dass „Bystanders" eine Schlüsselrolle in der Intervention gegen Cybermobbing spielen können, wenn in Klassen generell an Medienkompetenz und entsprechenden sozialen Kompetenzen gearbeitet wird.[145]

Jugendliche beispielsweise – wie schon erwähnt – in gezielten Medienkompetenzprojekten aufzuklären und verantwortungsvolle Vorgehensweisen einzuüben könnte im Rahmen der schulischen Gesamtprävention ein wichtiger Baustein sein. Insgesamt zeigt sich auch am Phänomen Cybermobbing, dass die Schule

145 Salmivalli/Voeten/Poskiparta 2011, Journal of Clinical Child and Adolescent Psychology, 40(5), S. 668 – 676.

der Ort ist, wo ein angemessener Umgang mit den neuen Medien vermittelt werden muss. Und damit ist es auch eine Aufgabe der Schulen, sich aktiv gegen Cybermobbing einzusetzen.

Prävention – Instrumente und Einrichtungen

Zusammengefasst geht es bei Präventionsmaßnahmen um folgende Aspekte:

- Helfen statt Strafen
- Schutz für Betroffene
- Zusammenarbeit
- Regeln

Damit Vorhaben erfolgreich sind und sich nach und nach etablieren, ist es hilfreich:

- Schullösungen (statt Einzellösungen) zu finden
- Verbindlichkeit für alle herzustellen
- mit einfachen Maßnahmen zu beginnen
- den Arbeitsaufwand realistisch zu halten
- rechtzeitig externe Unterstützung zu holen

Einige präventive Maßnahmen – Auswahl:

- Regelmäßige Elternabende zum Thema Mobbing (spätestens in der fünften Klasse)
- Oberstufenforum – Projekttag zum Thema Mobbing/Cybermobbing
- Information, Aufklärung und Gespräch auf Klassenebene zum Thema Mobbing und Cybermobbing (nicht jedoch in einer akuten Situation)
- Mit der örtlichen Polizei des Dezernats Prävention oder den Jugendbeauftragten der Polizei kooperieren, das heißt, sie zu Infoveranstaltungen in die Schule beziehungsweise am besten

direkt in die Klassen einladen. (Es hat sich als sehr wirksam und nachhaltig erwiesen, wenn Polizeibeamte über die Nutzung von Internet und Sozialen Netzwerken informieren und darüber aufklären, was strafbar ist und was nicht)

- Regelmäßige Fortbildungen zum Thema Mobbing-Intervention für Kolleginnen und Kollegen
- Schulsozialarbeit installieren
- Niedrigschwellige Hilfsangebote auf der Ebene der Peer-Group fördern (wie etwa Streitschlichter, s.u.)

Partizipative Einrichtungen für Schülerinnen und Schüler

- Klassenrat ab der vierten Klasse installieren
- Schülervertretung installieren inklusive entsprechender Fortbildungen in Moderation und Gesprächsführung
- Spezielle, themenbezogene Unterstützergruppen bilden
- Schüler-Mediation (ab neunter Klasse) installieren
- Spezielle Verantwortungsbereiche in der Schule an Schüler*innen übergeben

Insbesondere Schüler-Mediation ist eine in viele Richtungen wirksame soziale Kompetenz und wirkt nachweisbar präventiv gegen Mobbing.

Zwei Grundannahmen sind dabei für die konstruktive, vermittelnde Konfliktlösung unerlässlich: ein positives Menschenbild und ein positiver Konfliktbegriff. Es wird davon ausgegangen, dass Kinder und Jugendliche durchaus bereit sind, Streitsituationen konstruktiv-deeskalierend zu lösen, wenn sie einen Weg dafür sehen. Ganz gleich, wie ein Konflikt zunächst gesehen wird, entscheidend für die Vermittlung in Streitsituationen ist die Grundposition, dass Konflikte als etwas Positives zu betrachten sind. Ein negatives Konfliktbild führt dazu, in Streit- oder Konfliktsituationen ausschließlich Störfaktoren zu sehen, die bedrohlich und destruktiv sind, und entsprechend als etwas, das beseitigt werden muss. Geht man hingegen davon aus, dass ein Konflikt auch als ein Signal, als ein Hinweis auf etwas verstanden werden kann, um das man sich kümmern muss, bietet er eine Chance zur Veränderung und Weiterentwicklung von Beziehungen und Strukturen.

Diese Methode der Konfliktlösung für Schülerinnen und Schüler dauerhaft an Schulen einzurichten, zielt auf eine Verbesserung des gesamten Schulklimas: Alle arbeiten daran, ein Klima der Bestätigung zu schaffen, in dem jeder als Mensch wertgeschätzt wird, sowie ein Klima des aktiven Zuhörens, der Zuwendung und Kooperation.

Möglichkeiten zur Stärkung von Selbstkompetenz und Kooperationsbereitschaft

- Erlebnispädagogische Projekte
- Zirkusprojekte
- Wildnisprojekte/Waldpflege
- Theaterprojekte
- Segeln
- Sozialkompetenzübungen
- Arbeitsprojekte auf dem Bauernhof
- Versorgungsaufgaben von Tieren

WERTSCHÄTZUNG – Eine Anregung für Lehrerinnen und Lehrer

Eines Tages bat eine Lehrerin ihre Schülerinnen und Schüler, die Namen aller anderen Mitschüler*innen in der Klasse auf ein Blatt Papier zu schreiben und ein wenig Platz neben den Namen zu lassen. Dann sagte sie zu ihnen, sie sollten überlegen, was das Netteste ist, das sie über jede/n sagen können und das sollten sie neben die Namen schreiben. Es dauerte die ganze Stunde, bis alle fertig waren und bevor sie den Klassenraum verließen, gaben sie ihre Blätter der Lehrerin.

Am Wochenende schrieb die Lehrerin jeden Namen auf ein einzelnes Blatt und daneben die Liste der netten Bemerkungen, welche die Mitschüler*innen füreinander aufgeschrieben hatten. Am Montag gab sie jeder Schülerin und jedem Schüler die entsprechende Liste. Nach kurzer Zeit lächelten alle.

„Wirklich?“, hörte man flüstern. „Ich wusste gar nicht, dass ich irgendjemandem was bedeute!“ und „Ich wusste nicht, dass mich andere so mögen“, waren die Kommentare. Niemand erwähnte danach die Listen wieder.

Die Lehrerin wusste nicht, ob die Schüler und Schülerinnen sie untereinander oder mit ihren Eltern diskutiert hatten, aber das machte nichts aus. Die Übung hatte ihren Zweck erfüllt. Alle waren glücklich mit sich und mit den anderen.

Mobbing und Recht

Da die Schule als Einrichtung eine Fürsorgepflicht gegenüber der Schülerschaft hat, sind bei Gewaltvorfällen – und Mobbing zählt dazu – grundsätzlich immer rechtliche Aspekte zu beachten.

Grundsätzliche Aspekte

In erster Linie geht es um das Kindeswohl, wie insbesondere in Artikel 3 der UN-Kinderrechtskonvention von 1989 festgehalten, welche 1992 auch von Deutschland ratifiziert wurde:

> **Artikel 3 – Wohl des Kindes**
> Bei allen Maßnahmen, die Kinder betreffen, gleichviel ob sie von öffentlichen oder privaten Einrichtungen der sozialen Fürsorge, Gerichten, Verwaltungsbehörden oder Gesetzgebungsorganen getroffen werden, ist das Wohl des Kindes ein Gesichtspunkt, der vorrangig zu berücksichtigen ist.
>
> Die Vertragsstaaten verpflichten sich, dem Kind unter Berücksichtigung der Rechte und Pflichten seiner Eltern, seines Vormunds oder anderer für das Kind gesetzlich verantwortlicher Personen den Schutz und die Fürsorge zu gewährleisten, die zu seinem Wohlergehen notwendig sind; zu diesem Zweck treffen sie alle geeigneten Gesetzgebungs- und Verwaltungsmaßnahmen.
>
> Die Vertragsstaaten stellen sicher, dass die für die Fürsorge für das Kind oder dessen Schutz verantwortlichen Institutionen, Dienste und Einrichtungen den von den zuständigen Behörden festgelegten Normen entsprechen, insbesondere im Bereich der Sicherheit und der Gesundheit [...].[146]

146 https://www.kinderrechtskonvention.info/uebereinkommen-ueber-die-rechte-des-kindes-370/#4-artikel-3---wohl-des-kindes (letzter Zugriff 07.03.2021).

Juristisch betrachtet geht es letztendlich um unsere Verfassung, unser Grundgesetz, denn Mobbing stellt deutlich einen Eingriff in unsere verfassungsrechtlich garantierten Persönlichkeitsrechte dar.

Art 1 GG

- Die Würde des Menschen ist unantastbar. Sie zu achten und zu schützen ist Verpflichtung aller staatlichen Gewalt. (1)
- Die nachfolgenden Grundrechte binden Gesetzgebung, vollziehende Gewalt und Rechtsprechung als unmittelbar geltendes Recht. (3)

Art 2 GG

- Jeder hat das Recht auf Leben und körperliche Unversehrtheit [...]

Art 7 GG Absatz 1 weist dem Staat die Aufsicht über das Schulwesen zu. Die Schulaufsicht bezieht sich dabei auf die gesamte Organisation und Verwaltung des Schulwesens.

Abgeleitet aus dem gesetzlichen Bildungs- und Erziehungsauftrag hat die Schule beziehungsweise die jeweilige Lehrperson gegenüber dem einzelnen Kind eine Obhutspflicht.

Lehrpersonen nehmen daher eine sogenannte Garantenstellung ein und sind im Rahmen ihrer beruflichen Tätigkeit dafür verantwortlich, dass die ihnen anvertrauten Kinder körperlich und psychisch unversehrt sind und bleiben. Sie haben Gefahren vorausschauend einzuschätzen, die anvertrauten Schülerinnen und Schüler zu beaufsichtigen und mit allen zur Verfügung stehenden Mitteln zu schützen. Dies spiegelt sich auch in den ersten Paragraphen der jeweiligen Schulgesetze der Länder wider.

Einen juristischen Begriff des „Mobbings“ gibt es in Deutschland nicht, weder im Zivilrecht, noch im Arbeits- oder Strafrecht.

Anders als in neun EU- Staaten wie beispielsweise Frankreich, Schweden, Spanien, die Niederlande oder auch Serbien, gibt es demnach in Deutschland auch kein „Antimobbinggesetz", wohl aber können einzelne Straftatbestände erfüllt sein.[147]

Strafrechtliche Aspekte

Kommt es zu Mobbing in der Schule, können Betroffene oder deren Eltern unterschiedliche rechtliche Schritte einleiten. Haben sie die Schule auf die Mobbingsituation hingewiesen und diese hat nichts unternommen, um das Kind, die/den Jugendlichen zu schützen, rechtfertigt das in aller Regel eine Forderung auf Schadensersatz. So können einzelne Tatbestände sowohl strafrechtlich – ab vierzehn Jahren –, aber auch zivilrechtlich – ab sieben Jahren – per Abmahnung und in Folge gegebenenfalls durch Geldstrafen geahndet werden.

Folgende Paragraphen kommen gegebenenfalls in Betracht:

- Fahrlässige Körperverletzung (§§ 223 ff., 229 StGB)
- Nötigung (§ 240)
- Beleidigung (§ 185)
- Üble Nachrede (§ 186)
- Verleumdung (§ 187)
- Beleidigung trotz Wahrheitsbeweis (§ 192)
- Verletzung der Vertraulichkeit des Wortes (§ 201)
- Verletzung des höchstpersönlichen Lebensbereichs durch Bildaufnahmen (§ 201a [1])
- Bedrohung (§ 241)
- Gewaltdarstellung (§ 131 [1])

Bei den folgenden Gewaltvorfällen, die auch im Zusammenhang mit Mobbing vorkommen, sollte eine Kontaktaufnahme mit der Polizei oder entsprechenden Meldestellen für Gewaltprävention

147 Schirra/Böhmer 2020, S. 20ff.

erfolgen: Angriff mit Körperverletzung, Vorsätzliche Zerstörung von Eigentum (hier gilt es die Verhältnismäßigkeit einzuschätzen), Bedrohung – direkt wie auch online, Vergewaltigung, sexuelle Nötigung, Erpressung, Schutzgelderpressung.[147]

147 Jannan 2010, S., 51

Verwendete Literatur

Alsaker, Francoise D.: *Quälgeister und ihre Opfer.* Mobbing unter Kindern – und wie man damit umgeht. Hogrefe AG, Bern-Göttingen-Toronto-Seattle 2003.

Alsaker, Francoise D. et al.: *Cybermobbing in der modernen Gesellschaft.* Familiendynamik – Systemische Praxis und Forschung 38 (03), Klett-Cotta-Verlag, Stuttgart 2013.

Bauer, Joachim: *Warum ich fühle was Du fühlst - Intuitive Kommunikation und das Geheimnis der Spiegelneurone.* Hoffmann und Campe-Verlag, Hamburg 2005.

Bauer, Joachim: *Wie wir werden, wer wir sind.* Die Entstehung des menschlichen Selbst durch Resonanz. Verlag Karl Blessing, München 2019.

Baumann, Zygmunt: *Flüchtige Moderne.* Edition Suhrkamp/Insel-Verlag, Berlin 2003 und 2021.

Beck, Ulrich: *Risikogesellschaft.* Auf dem Weg in eine neue Moderne. Edition Suhrkamp, Berlin 2015.

Bilz, Rudolf: Paläoanthropologie. Der neue Mensch in der Sicht einer Verhaltensforschung. Suhrkamp-Verlag, Frankfurt/M 1971.

Blum, Heike/Beck, Detlev: *No-Blame-Approach,* fairaend Köln, Offset Company, Wuppertal 2016.

Blum, Heike/Beck, Detlev: *Eltern und der No-Blame-Approach.* fairaend Köln, Offset Company, Wuppertal 2013.

Böhmer, Matthias Hrsg.: *Mobbing an Schulen.* Springer Fachmedien GmbH, Wiesbaden 2020.

Brass, Reinhild: *Dem Hören vertrauen.* edition zwischentöne – Musikverlag Beilharz, Weilheim 2018.

Buber, Martin: Ich und Du. Gütersloher Verlagshaus, 15. Aufl., München 2010.

Byung-Chul Han: *Die Austreibung des Anderen.* S. Fischer-Verlag, Frankfurt 2016.

Caesar, Victoria, Mölders, Liz: *Mobbing ... die etwas andere Gewalt/No-Blame-Approach.* Kohl-Verlag, Kerpen 2016.

Dietrich, Lars: *Akademisches Schikanieren: Wie Lehrkräfte-professionalisierung in den Bereichen Beziehungsarbeit und Unterrichts-qualität zu sozioökonomischer Chancengleichheit im Bildungswesen beitragen kann.* Empirische Sonderpädagogik Nr. 3, Lengerich-Westfalen 2019.

Dietrich, Lars: *Zusammenhang von sozial-emotionalen Fähigkeiten von Lehrkräften mit der sozial-emotionalen Entwicklung von Schülerinnen und Schülern.* BeKool – Beziehungs- und Kooperationsqualität unter Lehrenden und Lernenden, Bereich – Pädagogik bei psychosozialen Beeinträchtigungen. Leopold-Klinge-Stiftung / HU Berlin, Berlin 2020/21.

Dietz, Karl-Martin: *Erziehung in Freiheit.* Rudolf Steiner über Selbstständigkeit im Jugendalter. Menon-Verlag, Heidelberg 2003.

Ende, Michael: *Momo oder die seltsame Geschichte von den Zeit-Dieben und von dem Kind, das den Menschen die gestohlene Zeit zurückbrachte.* Thienemann Verlag, Stuttgart 1973.

Fischer, Saskia M. et al.: *Mobbing und Cybermobbing bei Kindern und Jugendlichen in Deutschland – Querschnittergebnisse der HBSC-Studie 2017/18 und Trends.* Journal of Health Monitoring · 5(3) DOI 10.25646/6894 Robert Koch-Institut, Berlin 2020.

Fuchs, Thomas; Interview von Peter Laudenbach: *Das Gehirn denkt nicht.* Edition brand eins 4. Jhg., Heft 11, Hamburg 2021.

GRIN, Anonym: *Das Phänomen Mobbing an Schulen.* Die Reflexion des Ansatzes „No Blame Approach" im Rahmen der Schulsozialarbeit. Bachelorarbeit, GRIN-Verlag, Norderstedt 2018.

Hammarskjöld, Dag: *Zeichen am Weg.* Das spirituelle Tagebuch des UN-Generalsekretärs. Knaur Taschenbuch-Verlag, München 2005.

Hartkemeyer, Martina/Hartkemeyer, Johannes/ Hartkemeyer, Tobias: *Dialogische Intelligenz - Aus dem Käfig des Gedachten in den Kosmos des Denkens.* Info3 Verlag, Frankfurt a.M. 2018.

Hüther, Gerald: *Momente gelingender Beziehung.* Was die Welt zusammenhält. Beltz-Verlag, Weinheim und Basel 2015.

Jacobs, Nils et al.: *Online Pestkoppenstoppen: systematic and theory-based development of a web-based tailored intervention for adolescent cyberbully victims to combat and prevent cyberbullying.* BMC Public Health volume 14, Article number 396/2014. https://bmcpublichealth.biomedcentral.com/articles/10.1186/1471-2458-14-396

Jannan, Mustafa: *Das Anti-Mobbing-Buch.* Beltz-Verlag, Weinheim-Basel 2010.

JFF-Institut für Medienpädagogik: *Jugendliche und ihre Perspektive auf Konflikte in Sozialen Netzwerkdiensten.* Teilstudie im Rahmen der Untersuchung: Das Internet als Rezeptions- und Präsentationsplattform für Jugendliche. München 2012.

Jiménez, Juan R.: *Herz, stirb oder singe.* Diogenes-Verlag, Zürich 1977.

Jung, C. G.: *Mysterium Coniunctionis, Gesammelte Werke.* Vierzehnter Band: Hrsg. Jung-Merker, Lilly et al., Edition C. G. Jung, Patmos-Verlag, Ostfildern 2011.

Jung, C.G.: *Erinnerungen, Träume, Gedanken.* Edition C.G. Jung, Patmos-Verlag, Ostfildern 2013.

Käser, Udo et al.: *Bullying und Cyberbullying.* Bildung und Erziehung, 71 (1), Themenheft, Vandenhoeck & Ruprecht, Göttingen 2018.

Klicksafe – Website: www.klicksafe.de Bestandteil der Initiative klicksafe im CEF (Connecting Europe Facility). Programm der Europäischen Union für mehr Sicherheit im Internet.

Korczak, Janusz in Knoop, Karl: *Einführung in die Geschichte der Pädagogik: Pädagogenporträts aus vier Jahrhunderten.* UTB, Quelle & Meyer-Verlag, Wiebelsheim 1999.

Largo, Remo: *Kinderjahre.* Piper-Verlag, München 2019.

Largo, Remo: *Lernen geht anders – Bildung und Erziehung vom Kind her denken.* Körber-Stiftung, Hamburg 2010.

Largo, Remo/Czernin, *Monika: Jugendjahre.* Piper-Verlag, München-Zürich 2011.

Leymann, Heinz: Mobbing: *Psychoterror am Arbeitsplatz und wie man sich dagegen wehren kann.* Rowohlt-Verlag, Reinbek 1993.

Loos, Sabine et al.: *Häufigkeit und Art traumatischer Ereignisse bei Kindern und Jugendlichen mit Posttraumatischer Belastungsstörung.* Praxis der Kinderpsychologie und Kinderpsychiatrie, Goldbeck-Publikation 283336285, Göttingen 2015.

Lorenz, Konrad: *Hier bin ich – wo bist du?* Ethologie einer Graugans. Piper-Verlag, München - Zürich 1988.

Machmutow, Katja et al.: *Peer victimisation and depressive symptoms: can specific coping strategies buffer the negative impact of cybervictimisation?* Emotional and Behavioural Difficulties 17 (3–4) Konstanzer Online-Publikations-System (KOPS), http://nbn-resolving.de/urn:nbn:de:bsz:352-216123.

Maercker, Andreas: *Trauma und Traumafolgestörungen*, Verlag C.H.Beck, München 2017.

Maines, Barbara/Robinson, George: *Crying for help.* The No Blame Approach to Bullying. Verlag Sage-Publications, UK 1997.

Milling, Hanna: *Storytelling: Konflikte lösen mit Herz und Verstand.* Wolfgang Metzner-Verlag, Frankfurt 2016.

Olweus, Dan A.: *Gewalt in der Schule.* Was Lehrer und Eltern wissen sollten – und tun können. Verlag-Hans Huber, Stuttgart - Bern 2006. (erstmals 1999).

Rademacher, Helmold Hrsg.: *Konzepte zur Gewaltprävention in Schulen.* Prävention und Intervention. Cornelsen-Verlag, Berlin 2011.

Rilke, Rainer M.: *Briefe an einen jungen Dichter.* Insel-Verlag 56. Edition, Berlin 2007.

Röhr-Sendlmeyer, Una M.: *Pubertät.* Bouvier-Verlag, Bonn 1988.

Rohen, Johannes W.: *Eine funktionelle und spirituelle Anthropologie.* Verlag Freies Geistesleben, Stuttgart 2009.

Rosa, Hartmut: *Resonanz – Eine Soziologie der Weltbeziehung.* Edition Suhrkamp, Berlin 2016.

Rosa, Hartmut: *Unverfügbarkeit.* Residenz-Verlag 2. Edition, Salzburg-Gnigl 2018.

Rosa, Hartmut/Endres, Wolfgang: *Resonanzpädagogik.* Beltz-Verlag, Weinheim - Basel 2016.

Saint-Exupery de, Antoine: *Der kleine Prinz.* Karl Rauch-Verlag, Düsseldorf 1977.

Salmivalli, Christina: *Bullying and the peer group: A review.* Aggression and Violent Behavior, 15(2),2010, https://doi.org/10.1016/j.avb.2009.08.007

Salmivalli, Christina et al.: *Bystanders Matter: Associations Between Reinforcing, Defending, and the Frequency of Bullying Behavior in Classrooms.* Journal of Clinical Child and Adolescent Psychology, 40(5), 2011.

Schopper, Christian: *Trauma überwinden.* Ein Handbuch für Therapeuten und Betroffene. Verlag-Urachhaus (Aethera), Stuttgart 2019.

Schubarth, Wilfried: *Gewalt und Mobbing an Schulen.* Möglichkeiten der Prävention und Intervention. Kohlhammer-Verlag, Stuttgart 2010.

Sloterdijk, Peter: *Lernen lernen.* Edition brand eins, 4. Jhg., Heft 11, Hamburg 2021.

Spitzer, Manfred: *Soziale Schmerzen.* Warum sie auch weh tun und was daraus folgt, in Bertram, Wolfgang (Hrsg.): Das (un)soziale Gehirn. Wie wir imitieren, kommunizieren und korrumpieren Verlag Schattauer, Stuttgart 2013.

Steiner, Rudolf: *Soziale und antisoziale Triebe im Menschen.* GA 186, Rudolf Steiner Verlag, Dornach-Schweiz 1990.

Steiner, Rudolf: *Von Seelenrätseln.* GA 21, Rudolf Steiner Verlag, Dornach-Schweiz 1983.

Steiner, Rudolf: *Die gesunde Entwicklung des Leiblich-Physischen als Grundlage der freien Entfaltung des Seelisch-Geistigen.* GA 303, Rudolf Steiner Verlag, Dornach-Schweiz 1978.

Steiner, Rudolf: *Die geistig-seelischen Grundkräfte der Erziehungskunst.* GA 305, Rudolf Steiner Verlag, Dornach-Schweiz 1991.

Steiner, Rudolf: *Allgemeine Menschenkunde als Grundlage der Pädagogik.* GA 293, Rudolf Steiner Verlag, Dornach-Schweiz 1980.

Steiner, Rudolf: *Soziale und Antisoziale Triebe.* GA 186, Rudolf Steiner Verlag, Dornach Schweiz 1990.

Steiner, Rudolf: *Innere Evolution und äußere Entwicklungs-möglichkeiten.* GA 118, Rudolf Steiner Verlag, Dornach-Schweiz 1984.

Steiner, Rudolf: *Grundlegendes für eine Erweiterung der Heilkunst nach geisteswissenschaftlichen Erkenntnissen.* GA 27, Rudolf Steiner Verlag, Dornach-Schweiz 1991.

Steiner, Rudolf: *Ursprung und Ziel des Menschen.* GA 53, Rudolf Steiner Verlag, Dornach- Schweiz 1981.

Steiner, Rudolf: *Anthroposophische Menschenkunde und Pädagogik.* GA 304a, Rudolf Steiner Verlag, Dornach-Schweiz 1973.

Steiner, Rudolf: *Die Apokalypse des Johannes.* GA 104, Rudolf Steiner Verlag, Dornach-Schweiz 1985.

Steiner, Rudolf: *Der irdische und der kosmische Mensch.* GA 133, Rudolf Steiner Verlag, Dornach-Schweiz 1989.

Steiner, Rudolf: *Die Welt des Geistes und ihr Hereinragen in das physische Dasein.* GA 150, Rudolf Steiner Verlag, Dornach-Schweiz 1980.

Steiner, Rudolf: *Anthroposophie – Psychosophie – Pneumatosophie.* GA 115, Rudolf Steiner Verlag, Dornach-Schweiz 2001.

Steiner, Rudolf: *Die Erziehung des Kindes vom Gesichtspunkt der Geisteswissenschaft.* Luzifer-Gnosis 1903-1908. Grundlegende Aufsätze zur Anthroposophie und Berichte aus den Zeitschriften Luzifer und Lucifer – Gnosis. GA 34. Rudolf Steiner Verlag, Dornach-Schweiz 1987

Steiner, Rudolf: *Idee und Praxis der Waldorfschule.* GA 297, Rudolf Steiner Verlag, Dornach-Schweiz 1998.

Steiner, Rudolf: *Menschwerden, Weltenseele und Weltengeist – 2. Teil.* GA 206, Rudolf Steiner Verlag, Dornach-Schweiz 1991.

Steiner, Rudolf: *Die gesunde Entwicklung des Leiblich-Physischen als Grundlage der freien Entfaltung des Seelisch-Geistigen.* GA 303, Rudolf Steiner Verlag, Dornach-Schweiz 1978.

Steiner, Rudolf: *Erziehungs- und Unterrichtsmethoden auf anthroposophischer Grundlage.* GA 304, Rudolf Steiner Verlag, Dornach-Schweiz 1979.

Steiner, Rudolf: *Die geistig-seelischen Grundkräfte der Erziehungskunst,* GA 305, Rudolf Steiner Verlag, Dornach-Schweiz 1991.

Steiner, Rudolf: *Geistige Wirkenskräfte im Zusammenleben von alter und junger Generation – Pädagogischer Jugendkurs.* GA 217, Rudolf Steiner Verlag, Dornach-Schweiz 1988.

Steiner, Rudolf: *Westliche und östliche Weltgegensätzlichkeit.* GA 83, Rudolf Steiner Verlag, Dornach-Schweiz 1981.

Steiner, Rudolf: *Die Verbindung zwischen Lebenden und Toten.* GA 168, Rudolf Steiner Verlag, Dornach-Schweiz 1995.

Steiner, Rudolf: *Wie erlangt man Erkenntnisse höherer Welten.* GA 10, Rudolf Steiner Verlag, Dornach-Schweiz 1992.

Steiner, Rudolf: *Die pädagogische Praxis vom Gesichtspunkte geisteswissenschaftlicher Menschenerkenntnis.* GA 306, Rudolf Steiner Verlag, Dornach-Schweiz 1982.

Steiner, Rudolf: *Die Methodik des Lehrens und die Lebensbedingungen des Erziehens.* GA 308, Rudolf Steiner Verlag, Dornach-Schweiz 1986.

Werner, Stefan: *Mobbing - opferorientierte Hilfe für Kinder und Jugendliche.* Beltz Juventa-Verlag, Weinheim-Basel 2015.

Wilson, Dorothy C: *Um Füße bat ich und er gab mir Flügel.* Brockhaus Edition, München 1994.

Zander, Margherita: *Handbuch Resilienzförderung.* Springer VS-Verlag für Sozialwissenschaften, Heidelberg 2011.

Weitere Titel aus dem Info3 Verlag

(Auswahl)

Eine Innensicht des Autismus

Pascale Karlin

Das fragile Gleichgewicht zwischen Sein und Nichtsein

1. Auflage 2020, 112 Seiten,
Klappenbroschur, € 12,90
ISBN 978-3-95779-129-0

Pascale Karlin ist ein Glücksfall: Selbst von Autismus betroffen, steht sie als Beraterin gleichsam an der Grenze zweier Welten und gibt mit ihrem selbstreflektierenden Vermögen wertvolle Einblicke in die Erfahrungsweise autistischer Menschen. Die spezielle Verfassung des eigenen Selbst, die besonderen Körperempfindungen, die Art der Wahrnehmungen und Verhaltensweisen: Die Autorin gibt einzigartige und für Außenstehende verblüffende Beschreibungen des „Innenzustands“ des Autismus, der sonst oft unverständlich, ja befremdlich bleibt.

Dieses Buch bietet ein unschätzbares Werkzeug für alle pädagogisch und therapeutisch Tätigen und nicht zuletzt für alle, denen ein Verständnis unserer besonderen Mitmenschen mit Autismus am Herzen liegt.

www.info3.de

Ratgeber für Eltern, Lehrer und Erzieher von hochbegabten Kindern

Christa Rüssmann-Stöhr, Hagen Seibt

Mit intelligenten Kindern intelligent umgehen

4. Auflage 2021, 266 Seiten,
Broschur, € 22,00
ISBN 978-3-95779-022-4

Dieses Buch wird empfohlen von der Deutschen Gesellschaft für das hochbegabte Kind.

Illustrationen von Thomas Plaßmann

Es gibt viele Formen von Hochbegabung: sportliche, musikalische, sprachliche, emotionale, soziale, etc. Die intellektuelle Hochbegabung nimmt schon deshalb in der Reihe einen besonderen Platz ein, weil sie oft weder erkannt noch berücksichtigt wird und dann zu Verhaltensauffälligkeiten führen kann. Hochbegabte Kinder sind oft alles andere als glückliche Kinder. Das muss nicht sein. In ihrer Beratungspraxis haben die Autoren, beide Diplom-Psychologen, in unzähligen Fällen praktische Hilfestellungen für den Erziehungsalltag geben können und schöpfen für dieses Buch aus einem Schatz an Erfahrungen. Eltern, Erzieher(innen) und Lehrkräfte können davon profitieren. „Wir möchten betroffenen Eltern und Erziehern Mut machen, auch mal neue Wege zu gehen. Etwas Neues ausprobieren gibt den Eltern die Chance, ihre Kinder mit neuen Augen zu sehen und dadurch zu einem zufriedene(re)n Miteinander zu kommen."

www.info3.de

Mit schlauen Füchsen unterwegs

Mathias Wais

Hilfe – ich bin hochbegabt! Na und?

3. Auflage 2019, 176 Seiten,
Broschur, € 16,80
ISBN 978-3-95779-006-4

Ein schlaues Kind zu sein ist nicht immer lustig. Im Gegenteil, oft ist es anstrengend. Tausend Gedanken, Fragen und Sorgen rasen dir ständig durch den Kopf; die Eltern und Lehrer erwarten Supernoten von dir, und was Freundschaften betrifft, ist es oft auch nicht einfach.

Hier erzählen hochbegabte Kinder (sie selbst nennen sich lieber schlaue Füchse) im Grundschulalter von ihren Erfahrungen, ihren kleinen Schabernacks und auch davon, wo sie der Schuh drückt. Und vor allem wird hier erzählt, wie solche schlauen Füchse mit ihren kleinen und großen Problemen umgehen. Nur so viel sei hier schon verraten: sie sind auf jeden Fall sehr erfinderisch.

So ist ein Ermutigungs-, ein Solidaritätsbuch von schlauen Füchsen für schlaue Füchse entstanden – das zu lesen auch Eltern und Lehrern nicht schadet, damit sie wissen, was es mit dem Thema „Hochbegabung“ von innen auf sich hat.

Die Kinder der „Dortmunder Buchwerkstatt“ haben ihre Erlebnisse und Ideen für dieses Buch zusammengetragen, Mathias Wais hat alles aufgeschrieben.

www.info3.de

Ein Lese- und Arbeitsbuch über Hochbegabung, Hochsensibilität und Bilddenken

Suzanne Buis

Der Traumdenker

1. Auflage 2019, 48 Seiten,
Broschur, € 14,90
ISBN 978-3-95779-105-4

Dieses Buch wird empfohlen von der Deutschen Gesellschaft für das hochbegabte Kind.

Illustrationen von Mark Baars

Übersetzt aus dem Niederländischen von Ramon Brüll

Dieses Buch ist eine Einladung, die Erlebnisse eines hochbegabten Schülers mitzuerleben und mitzudenken.

Felix hat eine lebhafte Fantasie, aber das sieht man ihm nicht an. Er denkt intensiv nach und arbeitet im Kopf an der Lösung von Rätseln, will Erfindungen machen, die Welt erforschen. Und er schreckt auf, als die Lehrerin ihn auffordert, dem Unterricht zu folgen...

Das Buch lädt zum Vor- oder Selbstlesen ein. An mehreren Stellen werden Fragen gestellt, die Kinder selbst beantworten können. Felix' Geschichte hat ein Happy End und kann helfen, über Probleme (zu Hause und in der Schule) zu sprechen und Lösungen zu finden.

In Holland schrieb eine Mutter über ihren siebenjährigen Sohn: „Welch ein Unterschied, seit er versteht, was mit ihm los ist". Sie lasen zusammen den Traumdenker und hatten gute Gespräche darüber. Das ist genau das, was wirklich hilft: Wenn dein Kind selbst beschreiben kann, was ihm oder ihr helfen könnte, zu Hause und in der Schule. Eine gute Idee, dafür die Ferien zu nutzen.

www.info3.de

Aus dem Käfig des Gedachten in den Kosmos des gemeinsamen Denkens.

Martina, Johannes F.
und Tobias Hartkemeyer

Dialogische Intelligenz

3. Auflage, 2018, 200 Seiten,
Broschur, € 19,80
ISBN 978-3-95779-033-0

Den Anderen verstehen, eigene verengte Standpunkte überwinden und gemeinsam Neues denken – das ist die Perspektive, die durch Dialog möglich wird. Was den echten Dialog ausmacht und wie wir unsere eigene „Dialogische Intelligenz" wecken können, zeigt dieses praxisorientierte Buch. Die Autoren tragen aus den unterschiedlichsten Richtungen Bausteine für den gelingenden Dialog zusammen. Sie greifen dabei auf langjährige Beratungserfahrungen in der Begleitung von Veränderungsprozessen in Einrichtungen und Unternehmen zurück. Zahlreiche Experten einer modernen Dialogkultur kommen zur Sprache – ein Werkstattbuch im besten Sinne des Wortes.

Das Buch zum Thema des Friedensnobelpreises 2015. Mit einem Nachwort aus Tunesien.

36 teilweise farbige Abbildungen

Mit einem Vorwort von Gerald Hüther.

Entdecken Sie unser Buchprogramm:
www.info3-verlag.de/das-info3-buchprogramm-alle-buecher/

INFO3 VERLAG

Kirchgartenstr. 1, 60439 Frankfurt
Tel. 069-58 46 47, Fax +49-69-58 46 16
vertrieb@info3.de

WWW.INFO3.DE